2020
数字经济大会报告

孙世芳　周超男◎主编

经济日报出版社
北　京

图书在版编目（CIP）数据

2020 数字经济大会报告 / 孙世芳，周超男主编. --
北京：经济日报出版社，2020. 12（2025.4 重印）
ISBN 978-7-5196-0742-5

Ⅰ. ①2… Ⅱ. ①孙… ②周… Ⅲ. ①信息经济-经济发展-研究报告-中国-2020 Ⅳ. ①F492

中国版本图书馆 CIP 数据核字（2020）第 243131 号

2020 数字经济大会报告

主　　编	孙世芳　周超男
副 主 编	欧阳梦云　吴　浩
策划编辑	肖小琴
责任编辑	王　婧
助理编辑	张　琦
责任校对	姚歆烨
出版发行	经济日报出版社
地　　址	北京市西城区白纸坊东街 2 号 A 座综合楼 710（邮政编码：100054）
电　　话	010-63567684（总编室）
	010-63584556（财经编辑部）
	010-63567687（企业与企业家史编辑部）
	010-63567683（经济与管理学术编辑部）
	010-63538621　63567692（发行部）
网　　址	www. edpbook. com. cn
E-mail	edpbook@126. com
经　　销	全国新华书店
印　　刷	文畅阁印刷有限公司
开　　本	710×1000 mm　1/16
印　　张	11. 75
字　　数	150 千字
版　　次	2021 年 2 月第 1 版
印　　次	2025 年 4 月第 2 次印刷
书　　号	ISBN 978-7-5196-0742-5
定　　价	68. 00 元

本社网址：www. edpbook. com. cn，微信公众号：经济日报出版社

序

当前，我国进入新发展阶段，国内外环境发生深刻变化。加快推进数字经济等战略性新兴产业发展，有助于我国形成更多新的增长点、增长极。

加快形成新发展格局，需要我们尽快疏通影响国内大循环的堵点，抢抓新一轮科技和产业革命新机遇，加快推动数字技术产业化、传统产业数字化，以数字经济赋能内、外循环。通过数字技术，把产业各要素、各环节全部数字化、网络化，推动业务流程、生产方式重组变革，进而形成新的产业协作、资源配置和价值创造体系。

2020年，新冠疫情对经济社会发展带来前所未有的冲击，数字经济不但没有受到冲击，反而实现了“逆势增长”，网上购物、在线教育、在线问诊、在线娱乐、远程办公、远程授课等一系列线上需求呈井喷式增长，凸显了数字经济的优势和魅力。各类数字经济领域的新技术、新业态、新模式层出不穷，正在重塑后疫情时代经济发展格局。疫情让我们看到了数字经济的强大势能。可以说，发展数字经济对打通国内大循环，拉动内需、促进消费具有十分重要的意义。同时，疫情之下，数字技术催生大量的贸易新业态、新模式，贸易插上了数字化的翅膀，数字经济在推动国内国际双循环相互促进中，同样发挥着重要作用。

京津冀地区作为我国经济发展的重要增长极，大数据产业发展蒸蒸日上，数字经济蓬勃发展。在廊坊，数字经济发展起步早、起点高，目前大数据产业和新型显示产业集群发展的态势明显，在京津冀数字经济发展版图上占据了重要位置。我们看到，近年来，廊坊市抢抓政策机遇，主动积极作为，加快5G基站、大数据中心等新型基础设施建设，加快新型显示产业示范基地建设，培育壮大高质量发展新动能，加快构建数字经济创新发展新格局，为廊坊未来厚植发展优势。廊坊通过加快新旧动能转换，实施创新发展战略，推动产业转型升级，将为廊坊赢得发展的时间和空间。廊坊经济社会发展的底气会越来越足，会更好地向外展现高质量发展的“廊坊样本”。

世界经济数字化转型成为大势所趋，中国的数字经济也在持续快速发展。数字经济在推动经济社会发展、促进国家治理体系和治理能力现代化、满足人民日益增长的美好生活需要方面发挥着越来越重要的作用。

通过举办“2020数字经济大会”，我们要进一步挖掘数字经济的发展潜力，加快经济发展新旧动能转换，推动经济社会的高质量发展。

一是要加强战略谋划。政府要加快构建数字经济发展政策体系，持续完善数字经济发展的战略举措和推进机制；企业要树立数字经济发展战略思维，推动企业数字化转型进程，跟上时代发展的脚步。

二是要拓展数字经济发展空间。全面深化数字技术在农业、工业、服务业及社会各领域的应用，推动传统产业转型升级，拓展新模式、新业态、新产业，壮大经济高质量发展新动能。

三是要加强数字化治理。全面提升关键信息基础设施、网络数据、个人信息等安全保障能力。要深化“放管服”改革，建立健全与数字经济发展规律相适应的法律法规和标准体系，营造数字经济发展的良好环境。

2018年和2019年，经济日报社和河北省人民政府、廊坊市人民政府连续两年成功举办了数字经济大会，取得了丰硕的成果。与会嘉宾的真知灼见不仅通过媒体公开报道得到广泛的传播，还被集结成册，出版发行了《2018 数字经济大会报告》《2019 数字经济大会报告》，成为大会的重要成果之一。通过举办数字经济大会，廊坊市数字经济领域的发展成就得到了较好的展示和传播，廊坊数字经济“新名片”越来越亮！“数字经济大会”的品牌效应也愈发凸显，成为国内数字经济领域重要的思想交流平台、智慧共享平台、商务合作平台、产业推进平台。

《经济日报》作为中央党报、经济大报，长期关注我国和世界数字经济发展动态。我们将为国家数字经济发展营造良好的舆论环境，为推动我国从数字大国向数字强国迈进贡献力量。

孙世芳

经济日报社原编委、研究员（二级）

目录

CONTENTS

上篇

理论前沿

2020

数字经济大会报告

数字经济与数字孪生
——关键技术与发展趋势

中国工程院院士　谭建荣

一、新一代信息技术的发展

“数字经济与数字孪生”包括软件、计算等，关键是模型，模型正确不正确，把数学的理论和信息技术的方法应用于机械制造领域，是这么一个逻辑关系。从数据中提炼模型，把规律找到，数据建模与虚拟现实、数字设计、智能制造。

信息技术是数字经济发展的动力。现在中央提出百年未有之大变局，数字经济成为当前讨论的热点，主要是新一代信息技术推动了技术的前进，引领了人类社会的前进是科学技术。如果技术不成熟，早十年也搞不起来，往后则失去了机遇，现在发展数字经济正是时候，且主要是侧重于一代信息技术的发展。

新一代信息技术有四个特征：第一，由互联网技术发展到物联网技术。第二，由虚拟现实技术发展到增强现实技术。第三，由网格计算技术发展到云计算技术。第四，由机器学习技术发展到深度学习技术，产生了几个典型的交叉领域：一是智能制造、二是混合现实、三是大数据、四是人工智能。除了信息技术还有跟认知科学相关的脑科学、人机交互等关联，是综合型的一项技术。

这些技术也是数字经济的重要技术基础，离开了数字技术搞数字经济成了空中楼阁，搞数字经济重点要把这些数字技术研究好、应用好、发展好。

二、数字经济发展的里程碑

第一大里程碑，发生在 40 年前，是从第三次浪潮到大数据。美国华盛顿大学的阿尔文·托夫勒教授在 40 年以前写了《第三次浪潮》书，一出版就被翻译成中文版。第三次浪潮指出人类社会经过漫长的农业社会发展到工业社会，而现在已经进入了信息时代。信息时代的主角是什么？阿尔文·托夫勒教授 40 年以前就预见到互联网是舞台，唱戏的主角是大数据，大数据将奏响第三次浪潮的华彩乐章。现在电子商务、支付宝证明了大数据的广泛应用。

第二大里程碑，从数字地球到数字经济。“数字地球”这个概念是美国前副总统戈尔提出来的，竞选总统没成功到哥伦比亚大学当教授，他提出数字地区的概念，包括地理信息系统、网络区域建设等技术密切结合，核心是技术空间信息科学、遥感技术、地理信息系统和全球定位系统，这三项技术，尤其可喜的是国家北斗系统开发成功并投入应用，北斗的精度还是非常高的，过去用 GPS，现在用北斗导航，高德、百度导航系统都开发得非常好，非常实用化。不得不承认百度导航系统本身就是智能化系统，是智能导航，有很多选项，比如说，高速优先、避免拥堵等模拟整个路程的路况。

紧接着，中国提出“数字中国”，浙江马上提出“数字浙江”，相信河北也搞了“数字河北”，杭州搞了“数字杭州”，西湖区也马上搞“数字西湖”，我们学校紧跟着提出“数字校园”。中国在应用方面做到了领先水平，由于有了数字化才能产生数字化经济。

第三大里程碑，发生在中国杭州。2016 年杭州举行了 G20 高峰论坛，二十国集团领导人在中国通过了首次提出全球性《二十国集团数字经济发展与合作倡议》。二十国集团也认为要发展数字经济，2017 年中国召开两会，政府工作报告明确提出数字经济，这是从政府层面首次提出数字经济，而且提出，要促进数字经济加快发展，让企业广泛受益，群众受惠。

三、数字经济发展基本法则

数字经济发展好坏的评价标准。现在国家各省区市都在搞数字经济，各个地区、各个县级市也都在搞，搞得好不好？用什么去评判？有两条：第一条，企业有没有广泛受益，企业说好才是真的好。第二条，群众有没有受惠？这两条是检验数字经济好不好的重要标准，有些地方，会议开得轰轰烈烈，场馆大得不得了，招商项目很多，但关键是企业有没有受益？群众有没有受惠？我们的奋斗目标，就是要让人民过上更加美好的生活，是靠近了目标还是停滞不前，还是远离了目标？问周围的群众，问你的亲朋好友生活有没有比去年改善？收入有没有比去年增长？是很实在的指标。

数字经济有三条基本的法则：第一条，梅特卡夫定律。网络的价值等于其节点数的平方。什么意思？网络是放大效益，节点越多，那么节点的平方会增长，非线性增长很快，所以数字经济在网络上一传播那是不得了的事。网络既有它的正面效应，也有它的负面效应，把网络化用在经济上形成数字经济，放大作用立竿见影，可以帮助企业找到客户、找到市场，找到真正对路的产品。

第二条，摩尔定律。摩尔定律是美国英特尔公司创始人之一戈登·摩尔提出的，计算机从 PC 机到 286、386、486，一直到 586 都遵循了摩尔定律，但现在摩尔定律适用不适用？有两种观点，主流的观点认为现在摩尔定律已经过时了，现在进入了后摩尔时代。为什么计算机集成电路的芯片线框不能无限制缩小，20 纳米以下就非常困难了，现在都有 5 纳米光刻机。相反的观点认为摩尔定律还在起作用，科学家又发现了浸没式光刻机，发现在液体中可以刻得更细，还发现了三维的芯片，过去布置是在平面上，现在可以在空间上布置，现在用的手机芯片是三维芯片，手机可以做得很薄。

第三条，达维多定律。进入市场第一代产品能够获得 50% 的市场份额。搞数字经济最终要有数字的产品，没有数字产品，数字经济交易什么东西？阿里巴巴“11・11”成交 2000 亿元人民币，没有一件产品是阿里巴巴自己做出来的，都需要制造企业生产出来。所以搞数字经济，首先要形成数字化产品和数字化产业，这些都要数字技术来引领。数字经济和实体经济的关系就是没有实体经济就没有数字经济，任何时候实体经济都是数字经济的基础，制造企业不生产产品，马云怎么去交易？马云的贡献在什么地方？阿里巴巴缩短了流通的空间，提高了流通的效率，使得实体经济生产的产品快速进入市场，快速进入消费者的手里。所以，实体经济是数字经济的基础，而数字经济是实体经济的提升。并不是说不要实体经济都来搞数字经济，这个是误解。

四、数字经济的两个发展方向

数字经济包括两个含义：1. 把数字经济产品化。2. 更重要的是让传统产业数字化，进入数字化的转型轨道。要做到数字经济就要数字产品，生产数字产品就要用到数字孪生技术，一方面把实验过程数字化展现出来，第二方面把制造产品在实际阶段展现出来，也是销售使用维护的重要手段。上海进博会最大的亮点就是进口的先进装备，新冠病毒先进装备怎么做？上海进博会举行用很多虚拟现实数字孪生的手段展现给客户，这种展现可能比实物更加细致、更加深入、更加形象，所以世界各国都非常重视数字孪生，最早从事数字孪生技术的研究的是浙江大学。像国际上西门子、达索的软件，达索是做战斗机、做飞机的，但达索的软件也是国际领先的，把技术凝聚在软件之中。西门子、NASA、通用、劳斯莱斯等著名公司和科研机构都推出了数字孪生的应用平台。

五、数字孪生的关键技术

1. 多元异构数据转换。2. 几何物理行为工况建模。3. 数字孪生多性能耦合分析。4. 大数据驱动下的数字孪生行为仿真。5. 复杂装备全生命周期作业过程仿真技术。6. 智能车间布局规划与生产调度优化。7. 运行状态可视分析与故障智能预测技术。8. 基于增强的维修维护操作导航。

我们团队研究了这八项技术，形成了具有自主知识产权的软件平台，在这方面也做了大量的工作，围绕制造业把传统的制造进行数字化，为数字经济提供强大有力的技术支撑。

汽车发动机的装备有上万个零件，通过数字化的手段全程描述，过程很长。不仅能够装起来，而且还能拆卸下来；不仅能够拆卸下来，而且还能运动起来；不仅可以运动起来，还能把加速度反求出来，看看它是不是符合实际要求的。不仅能够动得起来，而且可以把动应力模拟出来。

最后，在超大型低能耗大型空分装备、高档数控机床、大吨位深拉伸液压装备等方面帮助一大批企业实现了数字化转型。

科学的数字化革命和数字转型

原国家信息化专家咨询委员会常务副主任、北京邮电大学经济管理学院特聘院长　周宏仁

党中央和国务院高度重视我国数字经济的发展。数字经济的重要性在全国各行各业也逐渐形成了共识。

一、信息化走向智能化：构造一个智能技术驱动的世界

众所周知，全球信息化始自 1946 年电子计算机的发明。在随后约 30 年中，其主要内涵，就技术而言，是信息的数字化和业务的数字化；就应用而言，主要是科学计算和业务计算，很多单位和企业都部署和建设了各种支撑业务活动的信息系统，虽然，信息化和信息系统的建设仅限于一个单位的内部。

20 世纪 90 年代初中期，互联网在全球普及应用之后，全球信息化出现了第一个重大的拐点，就是信息化转向以网络化为中心。网络时代，或者说互联网时代随之来临。网络计算和社会计算蓬勃兴起，信息系统开始向大系统和超巨系统发展。云计算、大数据、移动互联网等信息技术的创新性发展，都是信息系统向大系统和超巨系统发展产生的衍生物。

近年来，信息技术的创新性发展，正在形成全球信息化的第二个

重大的拐点，就是信息化转向以智能化为中心，构造一个智能技术驱动的世界，智能化时代也随之而来。未来 15～20 年，全球信息化向着智能化这个更高端方向的发展，其意义深远。

人工智能技术及其应用是当前智能化发展的热点。虽然早在 1956 年，人工智能的概念就已经提出，但人工智能的现代发展和成为信息化进入智能化时代的标志性事件，却是 60 年之后的 2016 年 3 月，阿尔法围棋（AlphaGo）对弈韩国职业九段棋手李世石，并以 4∶1 的压倒性优势取得胜利，这个重要的成就具有里程碑的意义。

围棋是公元前 2356 年源自中国的双人棋弈，是一类充满智慧、复杂的二人博弈系统。据研究，围棋总共有 32940 种不同的棋路，其中 992 种被视为较为常见的抢手棋；据估算，变幻莫测的棋局有 10172 种不同的最终结果和 10768 种不同的走法。两位高手对弈，通常在 150 手之内决定胜负，其间，每一手棋大约有 250 种不同的选择。显然，二人围棋博弈是一个非常复杂的物理系统，要构造一个下围棋的深度学习网络，不是一般软件人员能够完成的任务，其中涉及很多的数学问题。

阿尔法围棋（AlphaGo）的工作原理就是深度学习。深度学习是机器学习的一种，而机器学习是实现人工智能的必经之途。研究深度学习的动机在于建立模拟人脑进行分析学习的神经网络，模仿人脑的机制来解释数据，例如图像、声音和文本等。

二、智能技术是智能化的基础技术，也是一种通用技术

实际上，推动智能化发展的不只是人工智能。例如高端工业软件和科学软件都是工程和科学知识智能化的成果和应用。工业软件覆盖产品设计、生产、过程控制、检测、试验、质量控制、生产管理的全过程，是人类工业知识、经验、应用等科学技术成果软件化的表现形

式。高质量、高水平的工业软件，大多数都有非常深刻的科学和技术内涵，而且是行业数十年实践经验的结晶。

智能技术可以定义为：利用计算科学拓展和增强人类智力（获取信息的能力；学习、思维、理解、处理信息的能力；解决问题和优化决策的能力）的技术。只有数据和信息的采集、存储、处理、检索和利用，不能算是智慧的或智能化的系统，只能说是实现了数字化。这些系统的联网应用，也不能算是智慧的或智能化的系统，只能说是实现了网络化。衡量一种技术是否是智能技术，模型、算法、软件、数据，是四个不可或缺的基本要素。其中，建模需要对物理系统有深刻地认识和理解，是智能技术真正的难点。

2013 年 10 月 9 日，瑞典皇家科学院宣布，将诺贝尔化学奖授予马丁·卡普拉斯、迈克尔·莱维特、阿里耶·瓦谢勒三位美国科学家，以表彰他们在开发多尺度复杂化学系统模型方面所作的贡献。评选委员会认为，“这三位科学家设计出的这种多尺度模型，让传统的化学实验走上了信息化的快车道。”评选委员会还认为，“现在，对化学家来说，计算机是同试管一样重要的工具，计算机对真实生命的模拟已为化学领域大部分研究成果的取得立下了‘汗马功劳’。通过模拟，化学家能更快地获得比传统实验更精准的预测结果。”建模的重要性可见一斑。

智能技术与信息技术一样，都是一种通用技术；而且，智能技术并不从属于信息技术。人工智能是智能技术当前的热点。工业软件、科学软件等，都不仅仅是软件技术而已，更重要的是，它们也属于智能技术，没有行业的工程和科学技术专家的参与甚至主导，仅靠软件工程师，不可能开发出任何高端工业软件或科学软件。因此，发展智能化，不能只看到人工智能，而是要在更高的、更广泛的层面，重视智能技术的发展。

三、智能技术驱动科学的数字化革命和数字转型

智能技术正在驱动科学的数字化革命和数字转型。电子计算机和计算机科学的发明带来了信息革命，是科学造福人类的伟大而经典的范例。现在，信息化走到了智能化的阶段，人类文明继续快速发展的压力又回到了科学技术上。智能化和智能技术正在驱动一场科学的数字化革命，科学的数字转型也势在必行。在科学领域，信息化仅仅停留在创建有利于学科发展和创新的信息化环境是不够的。中国科学面临的紧迫问题是数字转型。否则，由于思路和工具的落后，中国科学与国外的差距可能再次拉大，中国原创的智能技术不是难以产生，就是行之不远。

“科学的数字化革命”标志着科学由现有的、以数理化为基础的科学技术结构（工业革命的产物），向以计算科学与融合科学为基础的（信息革命的产物）、信息时代的科学技术结构转变。本质上，就是要实现传统科学的数字转型。科学的数字化革命正在影响科学领域现有的、几乎所有学科的发展，而且还正在孕育一批新兴学科（融合科学）。加快实现科学的数字转型，是科学研究本身走向智能化，即“智慧的科学研究——Smart Sciences”的前提和基础，对于加快科学探索和创新发展意义十分重大。

科学的数字化革命和数字转型有三个重要的内涵，即学科的数字化、计算机辅助科学研究，以及催生融合科学。

科学技术结构变革的首要问题就是学科的数字化，科学研究和技术创新都离不开数据和信息。一个学科的数据和信息，如果没有数字化，就不可能利用计算机和数据通信网络进行处理和传播，也不可能进入数字世界，一定会逐渐地被边缘化，不仅学科本身不可能发展，而且会逐渐走向衰落。学科的数字化，不仅是将相关的论文、学术报告、实验结果和各种数据数字化。更重要的是将学科的理论体系、研

究方法、实验仪器、科研装备、计量、检测手段等建立在数字化的基础之上，使整个学科研究得以在数字空间、网络空间进行。学科数字化以后，才有可能开发出各种学科研究、计算、分析的科学软件，从根本上改变科学家传统的研究方式，提高研究活动的有效性和效率。

计算机辅助科学研究（CASR）是科学软件的核心任务，目的不是替代科学家的创新思维，而是要将科学家从某些脑力劳动（逻辑思维）中解放出来，使科学家在研究成果产生之前、之中、之后都能够把时间和精力更多地集中于创新思维（形象思维），有可能用计算机辅助方法，迅速地验证科学家的新观察、新想法、新思路。像工业软件极大地提升了工程师的设计、制造能力一样，科学软件可以极大地提升科学家的创新能力。计算机对于提升“智慧、智能”水平极为重要，因为电脑比人脑算得更快。此外，智能的核心是“算”，而“算”正是计算机最大的潜能之所在。

科学软件是推进智能化的一个极为重要的资源。表 1 给出了截至 2019 年 7 月的不完全统计，科学软件已经有 139 个子类，1185 种。

表 1　现有科学软件的子类

人工智能应用（16C，106P）	电子实验室笔记本（1C，4P）	神经科学软件（1C，6P）
天文学软件（5C，53P）	取证软件（2C，9P）	核磁共振软件（1C，9P）
生物信息学软件（4C，199p）	免费科学软件（13C，144P）	摄影测量软件（1C，6P）
生物软件（5C，2P）	地质软件（2C，27P）	物理学软件（9C，90P）
生物模拟软件（1C，1P）	水文软件（1C，6P）	QDA 软件（1C，14P）
生物视觉软件（2C，1P）	实验室软件（1C，12P）	LINUX 科学软件（5C，52P）
化学软件（6C，32P）	语言研究软件（1C，9P）	MacOS 科学软件（3C，38P）
计算科学（21C，126P）	数学软件（17C，49P）	Windows 科学软件（3C，70P）
晶体学软件（1C，4P）	医疗软件（6C，35P）	科学模拟软件（3C，78P）
地球科学软件（7C，3P）		

注：C 代表所含子类数 P 代表子类中的产品个数

计算机辅助科学研究（CASR）近年来发展很快，对提高科学研究的劳动生产率和促进科学研究的创新发展极为重要。CASR 的发展大致围绕 5 个方向进行，即：计算机辅助信息 / 数据获取；计算机辅助建模；算法和模拟软件开发；科学研究的数据处理；以及数据可视化。目前来看，CASR 是一个生机勃勃的发展领域。

四、计算科学是智能技术的科学技术基础

计算科学是现代科学的一个领域，与计算机科学虽然只有一字之差，却是完全不同的两个概念，内涵也完全不同。计算科学是利用先进的计算能力认识和解决复杂问题的多学科合成的领域。许多过去不可能求得解析解，或无法做实验，从而难以继续研究的问题，采用计算科学的方法，已经可以迎刃而解。计算科学推动了科学研究范式的发展。

计算科学融合了三种不同的元素：1. 建模、算法与模拟软件，用以解决科学（如生物学、物理学、社会学等）、工程，以及人文学科中的各种问题；2. 计算机与信息科学，发展和优化各种系统硬件、软件、网络及数据管理等要素，以解决计算中需要解决的各种问题；3. 计算的基础设施，用以支持各种科学和工程问题的求解和计算机与信息科学自身的发展。

计算科学最突出的贡献是拓展了科学研究的范式，推动了科学研究范式的发展。传统上，作为第一范式，大多数理论科学家是用数学来形成论据，即从理论上予以证明。但是，即使是理论范式，也必须服从证伪和修正。罗吉尔・培根说："实验胜过一切思辨，实验科学是科学之王"；他与哲学家弗兰西斯・培根共同奠定了近代自然科学的实验范式（第二范式）。2005 年，美国总统信息技术顾问委员会指出："计算科学，包括计算机建模与模拟，成为与理论和实验具有同等重要性的现代科学和技术发展的第三范式，使许多过去看来在理论

上无法进行解析计算，或者数据量极为庞大人力无法处理、做不下去的问题，或者在实验室无法复现和进行试验的问题，现在有了新的求解希望。2009 年 10 月，吉姆·格雷提出了第四范式，即基于数据密集的科研模式（网络空间方法学），将网络空间所有的、可以挖掘出来的显性的和非显性的知识（大数据形态），以一种有序的、结构化的方式提供给社会。实际上，第四范式在很大程度上也有赖于计算科学的发展。

计算科学与不同学科的融合，已经形成了许多新兴的分支学科（融合学科）："计算 XX 学"。表 2 列举的三十几个融合学科，几乎成为所有学科发展智能技术的基础。

表 2　新兴的基于计算科学的融合学科

计算考古学	计算生物学	计算化学
计算材料科学	计算经济学	计算电磁学
计算工程学	计算金融学	计算流体力学
计算法医学	计算地球物理学	计算历史学
计算信息学	计算智能	计算法律学
计算语言学	计算数学	计算医学科学
计算神经科学	计算粒子物理学	计算力学
计算社会学	计算统计学	计算物理学
生物信息学	化学信息学	计算可持续性
计算犯罪学	计算机代数	化学计量学
数值天气预报学	个性计算学	数值线性代数

可以列举出许多在国家层面以及各行业层面关切的计算科学和高端计算应用领域。例如：核武器模拟与核材料的储存（多学科的物理学模型）、全球与区域气候建模、天气与海洋预报、地球物理学（地震、火山、山崩、板块构造理论、磁动力学）、天体物理学（星体与星系动力学）、环境保护技术、高度复杂的物理系统如航空与航天飞行器的设计（机体，再入大气层飞行器）、舰船、陆地车辆、建筑物

的工程设计、武器设计与武器效果分析、装甲设计、抗毁性与私密性设计、先进的成像与多媒体信号处理技术、信号与图像处理、加密技术与情报智能（密码分析学）、电磁学、化学风险评估的分子建模、蛋白质、人体器官、生命科学、生物物理学、药理学、量子化学、材料建模与设计（如混凝土），以及量子色动力学等等，不胜枚举。从这些应用举例可以看出，无论国防、国家安全，还是经济建设、科技创新、社会发展，几乎任何一个领域的复杂问题解决方案，都离不开计算科学和高端计算。

显然，只有掌握了基于计算科学的智能技术（含人工智能），才能够真正拥有未来。

发展数字经济必须稳扎稳打

国家信息中心副主任　周民

新冠疫情为数字经济的发展按下了快进键。疫情期间线上购物、无人商店、无人车间、线上教育等一批数字经济、新模式、新业态不断发展，在控制疫情传播、满足人民群众生活需求、恢复生产、保障社会安定等方面发挥了重要作用。

据统计，2020 年二季度移动支付业务金额达到了 106.17 万亿，同比增长 33.61%。截至 8 月份，全国快递业务量已经超过 500 亿件，充分显示了数字经济的巨大发展潜力。在危机倒逼之下，部分地区和企业化危为机，加快数字化转型，最大程度扭转了疫情不利影响。目前，已有上海、浙江、广东等十多个省市制定了数字经济的发展规划，河北省也于 2020 年 4 月出台了《河北省数字经济发展规划 2020—2025 年》，可以说发展数字经济已经成为建设现代化数字体系，实现高质量发展必不可少的新引擎。

当今世界正经历百年未有之大变局，我国发展面临的国内外环境发生深刻复杂变化，这要求我们要加快形成以国内大循环为主，国内国际双循环相互促进的新发展格局。发展数字经济是赋能双循环新发展格局的重要举措，必须充分发挥数字技术，跨时空优势，推进产业链和供应链的网络化、数字化、智能化，畅通信息流，整合物质流，资金流和技术流，协同推进产业链上下游上云用数赋智，打通生产、分配、流通、消费等各个生产要素环节，健全国内产业链、供应链体系，激发国内市场消费潜力，疏解中小企业经营压力，发展壮大国内经济大循环。同时，进一步推进数字丝绸之路建设，大力发展国际化数字服务贸易，促进经济全球化发展。

数字经济是技术密集型、数据密集型和治理密集型的新经济形态，发展数字经济必须稳扎稳打，推进多要素融合创新。

一是要加强技术创新。关键核心技术是数字经济的原动力，发展数字经济必须下大力气抓核心技术创新，改革科研管理机制，推进政产学研用协同创新，进一步加强芯片操作系统，公布软件等核心技术创新突破，将数字经济的大厦建立在安全可靠的地基之上。

二是要加快新经济布局。新型基础设施是支撑数字发展的基础，要充分把握新基建市场化程度高、技术更新迭代快、业务需求黏连等不同于传统基建的规律，坚持需求导向、创新导向，科学理性推进5G 工业互联网一体化大数据中心等设施布局建设，为数字经济发展提供底层的支撑。

三是要优化营商环境。从国内外发展经验看，数字经济发展快的地方无一例外都拥有十分友好的营商环境，发展数字经济必须营造包容审慎、鼓励创新、公平有序、高效规范，以人为本的市场监管和服务体系，不断完善诚信体系建设，以一流的营商环境吸引数字经济产业集聚。

四是构建安全防控体系。数字经济涉及海量数据要素，共享、交换和交易流通，涉及更加多元复杂的数字资产。信息安全日益重要，尤其是在当前复杂多变的国际形势下，外部网络安全形势日益严峻，必须正确处理好安全与发展关系，全面落实国家网络安全法、数据安全法、等级保护 2.0 等相关的法律法规和制度要求，从经济社会全局和整体的视角推进经济安全体系建设。

工业互联网促进企业数字化转型

中国科协常委、中国工业互联网研究院院长、中国电子学会副理事长兼秘书长　徐晓兰

全球已迎来前所未有的新一轮科技与产业革命，依托于互联网、大数据、人工智能等新一代信息技术的创新聚变，快速、高效、低成本的数据计算、处理及存储等新体系逐步建立，人类对客观世界的认知与探索从物理空间向信息空间急速迈进，企业数字化转型的脉络和趋势日益清晰坚定，成为面向网络化、智能化方向提质增效及重塑核心竞争力的必备基础和必经途径。工业互联网作为第四次工业革命的重要基石，将为持续加快促进企业数字化转型提供关键支撑和主要引擎。

一、企业数字化转型的当前趋势与存在问题

（一）企业数字化转型展现出新表现、新特征与新体系

一是企业数字化转型具备从被动到主动、从片段到连续、从垂直到协同的新表现。随着信息基础和环境的大幅加强，海量数据源源不断地持续产生，进一步推动劳动、技术、资本、市场等要素互联互通，为企业数字化转型带来更多新的改变。首先是从被动转变为主动，将数字化从用于提高生产效率的被动工具，转变为创新发展模

式、强化发展质量的主动战略；其次是从片段型转变为连续型，将数字化从对局部生产经营环节的参数获取和分析，转变为对全局流程及架构的诠释、重构及优化；最后是从垂直分离转变为协同集成，将数字化从聚焦于单一环节或领域，转变为对企业生态体系的全面映射。

二是企业数字化转型呈现平台化、共享化的新特征。数字化转型加速推动产业链各环节及不同产业链的跨界融合，实现了组织架构和商业模式的变革重塑，构建起核心优势独具特色、运作体系不拘一格的各大平台，将企业间的竞争重点从产品和供应链层面推向生态层面，对数字化转型底层技术、标准和专利掌控权的争夺更为激烈。同时，数字化转型的快速推进为供需实时计算匹配提供了坚实基础，并通过高频泛在的在线社交，以及渐趋完善的信用评价体系，为部分企业提供了有效配置资源的低成本共享渠道，弱化“所有权”而强调“使用权”，促使共享经济快速兴起。

三是企业数字化转型正在重塑开放协同的新体系。数字化转型直接带动了技术开源化和组织方式去中心化，知识传播壁垒开始显著消除，创新研发成本持续大幅降低，创造发明速度明显加快，群体性、链条化、跨领域创新成果屡见不鲜，颠覆性、革命性创新与迭代式、渐进式创新相并行。创新的主体、机制和流程发生重大变革，资源运作和成果转化的方式更多地依托网络在线展开，跨地域、多元化、高效率的众筹、众包、众创、众智模式不断涌现，凸显出全球开放、高度协同的创新特质。

（二）企业数字化转型面临的首要问题、基本问题和现实问题

一是不确定性下降和复杂性上升的经济均衡问题。持续采集和形成源源不断的海量信息，是企业数字化转型全面推进的首要表征，能够有助于更为直观、清晰、深刻地认知并掌握业务运转过程和深层机理，实现对产出数量和质量更为精准的控制与调整，大幅降低仅依赖

于人工经验判断而造成的误差和不确定性。但与此同时，信息处理、分析、应用的难度和复杂性也在大幅提升，软硬件购买、装置调试、架构重建、技能学习、人才配备等方面的投入会有显著增加，较高的投入产出比在数字化转型前期将体现得尤为明显。如何合理设置投入模式和预估收益周期，采用最经济的方式来均衡由不确定性降低引致的复杂性上升，是企业数字化转型面临的首要问题。

二是供给碎片化和需求协同化的全局统筹问题。企业数字化转型的发轫可追溯到近 60 年前，主要包括研发设计、生产制造、经营管理三大主要领域。研发设计经历了从二维到三维，从仿真到孪生的演进，从单一零部件延伸到整机和产品全生命周期。生产制造经历了从获取生产数据到配置生产资源，再到协同生产过程及优化生产体系的持续进步。经营管理经历了以面向产、销、供的生产优化为中心，以面向企业内部的运营优化为中心和以面向供应链、价值链的资源优化为中心的三个阶段，已开始向云端迁移。但囿于技术架构和业务模式，绝大部分企业数字化转型的供给还是沿着从点到线的路径进行拓展，相对碎片化、封闭化，持续形成大量数据孤岛，与企业在当前全局优化协同大集成的需求不相匹配。如何着眼整体发展效益和质量的提升，统筹引导碎片化供给和协同化需求相互匹配契合，是企业数字化转型要面对的基本问题。

三是前瞻技术大量涌现和现实需求尚待挖掘的市场培育问题。新一代信息技术蓬勃发展，竞相在关键环节和领域出现重大集中突破，从科学研究加速迈进到产业应用，加速与应用场景结合，探索市场立足点和开拓方式，试图去培育、激发、引导新的市场需求。但在现实需求层面，大部分产业领域的工艺特性、业务流程和运营模式已经过长期沉淀相对稳定，并非简单引入和嫁接前瞻技术就能获得进一步的效益和质量提升，企业既需要仔细梳理和挖掘真实的需求痛点，更需要对前瞻技术的成熟度和适配性有着清晰的认知与判断。如何挖掘和培育兼具实践应用价值和示范推广意义的多类型市场需求，充分发挥前瞻技术持续迭代和演进的创新特性，是企业数字化转型面临的现实问题。

二、工业互联网是促进企业数字化转型的重要突破口

（一）优化存量，促进企业提质增效降本

积极推动工业互联网创新发展，广泛开展企业尤其是制造企业的数字化、网络化、智能化改造，不仅能有效帮助企业减少用工量和压缩运营成本，还能通过企业内外网络全面互联，实现全产业链、全价值链的良性互动，优化资源配置，大幅提升研发设计、生产制造、销售服务等各环节的工作效率，促进企业核心竞争优势的重塑、巩固和提升。

（二）做大增量，推动企业向价值链高端延伸

加快工业互联网创新发展步伐，通过跨设备、跨系统、跨厂区、跨地区的全面互联互通，能够实现企业生产运营的多元资源优化和多维创新协同，从而推动生产制造服务体系的智能化升级和价值链拓展，带动技术高端化、产品高端化、装备高端化，面向柔性生产、敏捷响应、绿色运营等方向重构企业发展模式，催生个性化定制、网络化协同、服务化延伸等新业态，为企业构筑面向全球新一轮科技和产业革命的国际竞争新优势。

（三）融通发展，激发企业培育形成新增长点

加快工业互联网创新发展步伐，尤其是加快工业互联网平台的培育、建设和推广，能够跨行业、跨地域、跨时空实现创新资源的快速汇聚，不仅能够促进各种要素资源的高效共享，更能够推动先进制造

业和现代服务业深度融合，以及促进一二三产业、大中小企业的开放融通发展，大幅提升企业作为市场主体的创新能力与效率，并培育发展出一批深耕细作于实体经济的新锐中小企业，再从中催生一批可比肩当前互联网领军企业的“专精特新”的工业互联网龙头企业，为创新创业注入新活力、营造新环境、提供新支撑、开创新局面，发展壮大新动能。

三、工业互联网促进企业数字化转型的主要路径

（一）搭建基于边缘计算架构的底层基础设施，为海量数据互联互通提供有力支撑

工业互联网对企业的智能化改造主要体现在基于海量工业数据实现科学决策与智能控制，通过海量设备的互联互通，促进数据跨系统、端到端的流动，为管理运营智能化和业务流程自动化提供全面有效的数据支持。具备支撑海量数据互联互通互操作的底层基础设施是工业互联网落地的重要前提，采用边缘计算对海量设备进行泛在连接和边缘管理，根据典型行业数据接入特点，为用户就近提供智能服务，极大地拓展了工业互联网收集和管理数据的范围，提升工业互联网对不同应用场景的适配能力，能够有效满足企业数字化转型在敏捷连接、实时分析、智能应用、快速响应、决策优化等方面的业务需求。

（二）加速沉淀行业机理模型和数据模型，促进复杂应用场景的数据价值释放

数据是工业互联网的核心资源，数据分析、挖掘和利用的深度决定了工业互联网的应用价值和覆盖范围。基于行业机理模型和数据模型的深度数据分析将有效推动数据分析结果的应用与实施，为企业提

供更适用于复杂场景需求的数据分析和应用开发服务。由于大部分实体经济产业都有着门类复杂、行业壁垒较高的特征，工业互联网在应用开发过程中，需要将海量数据融入特定领域的行业知识和机理模型，利用大数据模型和算法库、知识库等进行反复迭代分析，从而为企业提供生产过程管控、资源配置、产品性能改进等多场景的深层次优化和服务增值。随着数据管理、分析、展示工具功能向工业互联网不断沉淀，企业的数据汇聚和分析能力将不断提升，形成更贴合业务需求的综合性应用，进一步实现降本提质增效。

（三）促进人工智能、虚拟现实、数字孪生等技术融合创新，催生更多数字化转型新模式新业态

人工智能、虚拟现实、数字孪生等新一代信息技术的日趋成熟，将驱动工业互联网加速向传统产业全面渗透，持续催生更多“平台+新技术”的工业互联网创新解决方案，形成一批企业数字化转型的新模式新业态。工业互联网与人工智能技术融合应用，能够帮助企业完成生产业务、过程控制、市场销售等决策优化，机器视觉已经能够在石化、冶金等流程行业的企业辅助产品表面质检，在机械、轻工等离散行业的企业用于人员行为识别。工业互联网与虚拟/增强现实技术融合应用，能够实现三维图像快速生成与分析，催生企业发展远程辅助故障诊断、工业设计、多工种协作等新模式。工业互联网与数字孪生技术融合应用，能够将工业机理、设备及产线信息模型、运行状态数据等进行全映射的综合集成，助力企业实现对全生产服务系统精准优化的智能控制、服务和决策。

（四）积极面向中小企业多元化转型需求，持续开拓更广阔、更深入的市场空间与业务场景

当前对于数字化转型的需求已经由行业龙头企业延展到中小企业，而中小企业业务规模相对小、管理较散、流程化水平较低，成本压力和个性化需求的不平衡导致对数字化转型的需求更为碎片化、多元化。现阶段大部分工业互联网解决方案除了集中面向单一行业或领域进行推广应用之外，跨行业、跨领域的融合能力和创新能力也正在进一步提升之中，积极面向各大细分领域中小企业数字化转型需求进行加速释放，紧贴中小企业的差异化需求，不断拓展更多应用领域和覆盖范围，有针对性地开发应用部署快、实施周期短的解决方案和工具包，以更灵活多样的方式为中小企业提供普惠式数字化转型服务。

四、相关措施建议

（一）完善资本市场支撑环境

研究设立政府引导、市场化运作、专业化管理的工业互联网生态发展基金，鼓励社会资本参与工业互联网建设，充分利用创业板、科创板等政策机制实现金融资源的高效率配给，推动工业互联网产融结合创新发展。深化产业链上下游和金融机构资源的对接，鼓励银行基于工业互联网开展相关金融服务，依托工业互联网用户企业生产运营数据分析开展新型融资征信，对信用良好、经营稳定的工业互联网企业增加授信额度和给予贷款利率方面的优惠，降低融资门槛，营造宽松的创新创业投资环境和宽松的融资环境。

（二）深化工业互联网与新一代信息技术融合创新

鼓励工业互联网企业与人工智能、区块链、虚拟现实等新一代信息技术企业开展合作，探索新技术在各类场景中的创新应用，提升工业互联网供给能力。推进人工智能算法在工业微服务模块和工业 App 的融合应用，增强工业机理模型的可靠性、解释性和自我成长性。引导工业互联网企业布局区块链技术，促进分布式合约与数字化模型和工业 App 的融合应用。推动工业互联网基于虚拟现实技术实现三维图像快速生成与分析，实现在作业指导、远程质检、电力巡检、消防应急救援等特定场景的规模化应用。

（三）开展工业互联网建设的第三方评估监测

建立工业互联网发展情况动态监测和第三方评估机制，开展工业互联网建设运营分析与动态监测，强化工业互联网应用的结果导向和价值导向。重点制定一批工业互联网数据接入、运行监测、评估评价等规范，开展工业互联网能力成熟度评价，定期发布重点行业工业互联网解决方案推荐名录。加强监测分析服务与重点工业互联网项目的数据对接，为监测分析提供平台运行、工业 App、上云设备、上云企业、相关产业运行等方面的基础数据。构建工业互联网项目运行数字地图，分行业、分区域科学有序地展示工业互联网项目建设情况和工业 APP 培育进展，形成全国工业互联网创新发展指数和重点行业运行指数。

（四）持续壮大工业互联网开源生态体系

以开源和开放为核心，完善工业互联网生态体系，推动资源、技术、能力的开放共享和优化配置，助推企业上云上平台及数字化转型。引导龙头企业和技术服务提供商围绕行业共性知识加快培育开放式开源社区和建设开放式技术平台，基于开源框架汇聚大量应用开发者，建立面向中小企业数字化转型的开放生态，加快培育海量工业 App。支持行业协会与工业互联网企业、技术服务企业、研究机构等联合开展跨平台标准研制、试验验证和推广，推动工业模型、微服务组件、工业 App 在不同平台间可部署、可调用、可订阅，实现工业数据在多源设备、异构系统之间的有序流动。

加快互联网基础资源领域核心技术突破 保障我国数字经济新发展

中国互联网络信息中心主任　曾宇

党的十八大以来，我国网络强国建设取得显著成效，我国网络基础设施能力全面提升，网络环境日益优化，网信技术创新活跃，新兴技术突飞猛进，数字经济蓬勃发展，网络惠及百姓生活，网络内容繁荣丰富，网络安全及治理水平显著提升，网络空间更加清朗，取得了举世瞩目的成就。过去几年来，互联网在驱动经济增长、提升国民生活质量等方面发挥了重要作用。

一、我国数字经济蓬勃发展

五年来，我国互联网基础设施全球领先，基础环境全面升级。截至 2019 年 12 月，我国 IPv4 地址数量为 38751 万个，我国 IPv6 地址数量为 50877 块 /32，较 2018 年年底增长 15.7%。国家域名保有量稳步提升，截至 2019 年 12 月，我国域名总数为 5094 万个，全球第二，其中国家顶级域名“.CN”注册量达 2243 万个，较 2018 年年底增长 5.6%，占我国域名总数的 44.0%，在全球国家与地区顶级域名（Country Code Top Level Domain，ccTLD）中排名第一。[①] 我国

① 数据来源：CNNIC 第 45 次《中国互联网络发展状况统计报告》。

基础设施规模全球领先，4G 基站 560 万，规模全球第一，光纤接入宽带用户占比高达 93.2%，全球领先[①]。我国互联网基础环境建设全面升级，截至 2020 年 7 月底，三家基础电信企业的固定互联网宽带接入用户总数达 4.68 亿户，同比增长 6.5%，网络覆盖更广，100M 及以上接入速率宽带用户占比达到 87.4%[②]，网络速度更快，过去的几年，移动互联网跨省“漫游”成为历史，三大电信运营商移动流量平均单价降幅均超过一半，网络资费更低。

五年来，网信技术自主创新能力显著增强，互联网企业整体实力明显提升。5G、人工智能等技术主导能力加速提升，信息领域核心技术正在抓紧突破。我国多项 5G 技术方案进入国际核心标准规范，推进速度、质量均位居世界前列。截至 2020 年 1 月，我国 5G 标准必要专利数量占比达 32.97%，排名全球第一（据欧洲电信标准化协会统计）。截至 2019 年 11 月，人工智能领域中国专利授权量为 2.5431 万件，中国申请人的授权量占比为 81%[③]，并在图像识别、机器学习、语音识别等领域全球领先。互联网百强企业营收持续攀升，2019 年互联网百强企业的互联网业务收入高达 2.75 万亿元，较 2018 年增长超过 1 万亿元，占我国数字经济的比重达 8.8%，对数字经济的贡献率达 14%，带动数字经济增长近 2 个百分点[④]。互联网企业研发投入保持增长，2019 年互联网百强企业的研发投入达到 1538.7 亿元，同比增长 45.1%，研发人员达 28.75 万人，占比达 37.67%[⑤]，互联网百强企业吸纳了众多技术、科研等领域的高精尖人才。“独角兽”企业充分发挥竞争优势，2019 年互联网百强企业及下属企业涌现出蚂蚁金服、字节跳动等 25 家独角兽企业，数量同比增

---

① 数据来源：工业和信息化部《2019 年通信业统计公报》。

② 数据来源：工业和信息化部《2019 年通信业统计公报》。

③ 数据来源：《中国人工智能专利价值及竞争力报告》，国家知识产权局知识产权出版社 i 智库。

④ 数据来源：《2019 年中国互联网企业 100 强发展报告》，中国互联网协会等。

⑤ 数据来源同④。

长 38.9%，[①] 业务涉及金融科技、智慧物流、电子商务、新文娱等领域。互联网企业全球竞争优势凸显，阿里巴巴、腾讯等 7 家公司进入全球最大互联网公司市值前三十强，为全球经济发展贡献市场活力和创新能力。

五年来，互联网助力全面小康建设，日益满足人民群众对美好生活的期待。2019 年 1 至 12 月，移动互联网接入流量达 1220 亿 GB，较 2018 年同期增长 71.6%，移动互联网流量呈爆发式增长。[②] 移动应用与用户的工作、生活、消费、娱乐需求紧密贴合，带动三四线城市、农村地区人口的使用。更多网民选择在手机端使用新闻、搜索、社交、消费、订票、娱乐等应用。2015 年 12 月至 2020 年 3 月间，网上支付用户规模从 4.16 亿增长到 7.68 亿，年复合增长率 13.0%；旅行预订用户规模从 2.60 亿增长到 3.73 亿，年复合增长率 7.5%；网上外卖用户规模从 1.14 亿增长到 3.98 亿，年复合增长率 28.5%。[③] 过去几年，网络内容全面走向精品化，以版权为核心的内容收入这几年保持高速增长。

五年来，网络扶贫向纵深推进，网络覆盖、农村电商、网络扶智、信息服务、网络公益五大网络扶贫工程向纵深发展，带动农村网民规模持续增长。2015 年 12 月至 2020 年 3 月，我国农村网民规模由 1.95 亿增长至 2.55 亿，年复合增长率为 5.4%。[④]

当前，数字经济已成为我国经济发展的重要驱动力。2019 年，我国数字经济规模达 35.8 万亿元，占 GDP 比重达 36.2%，[⑤] 位居全球前列，其对经济增长的贡献率明显提升。数字消费成为扩大内需的新亮点，2015 年 12 月至 2020 年 3 月间，我国网络购物用户规模从

---

① 数据来源：《2019 年中国互联网企业 100 强发展报告》，中国互联网协会等。

② 数据来源：工业和信息化部《2019 年通信业统计公报》。

③ 数据来源：CNNIC 第 33 次至第 45 次《中国互联网络发展状况统计报告》。

④ 数据来源：CNNIC 第 33 次至第 45 次《中国互联网络发展状况统计报告》。

⑤ 数据来源：《中国数字经济发展白皮书（2020 年）》，中国信息通信研究院。

4.13 亿增长到 7.10 亿，年复合增长率为 11.4%，移动支付市场全球最大，我国网络零售交易规模自 2013 年起连续七年全球第一，2019 年 1 至 12 月全国网络零售额达 10.63 万亿元，其中，实物商品网上零售额 8.52 万亿元，占社会消费品零售总额的比重为 20.7%。① 数字贸易成为推动高水平开放的新动能，跨境电子商务等数字化贸易形态发展迅速，2019 年通过海关跨境电子商务管理平台零售进出口商品总额达 1862.1 亿元。② 数字经济在保障消费和就业、推动复工复产方面发挥了重要作用，数字经济已经成为“后疫情时代”经济增长新动能。

二、互联网基础资源发展面临的挑战

互联网基础资源主要指提供关键互联网服务的重要基础资源，包括标识解析、IP、路由等及其服务系统和支撑服务系统的底层基础设施。互联网基础资源是我国数字经济发展的重要基石，当前我国互联网基础资源的发展从长期和中短期来看面临七方面的挑战。

从长期来看，面临三方面挑战：

一是全联网的发展带来标识解析挑战。5G、边缘计算等技术发展为人、机、物的泛在接入提供了重要机遇，推动物联网的发展进入一个新的时期，即“全球泛在物联网（IoE，Internet of Everything，简称‘全联网’）”时期。按照国家信息化专家咨询委员会常务副主任周宏仁的定义，全联网是更加泛在的网络体系，是一个一体化集成人、机（计算机）、物的，无处不在、始终在线的世界上最大超级系统。据 IDC 预计，到 2025 年全球将有 416 亿个物联网终端设备连接到互联网。当前 OID（Object Identifier）、EPC（Electronic Product

① 数据来源：CNNIC 第 33 次至第 45 次《中国互联网络发展状况统计报告》。
② 数据来源：《中国电子商务报告 2019》，商务部。

Code）、Handle 等标识技术自成体系，不同标识体系之间兼容互通存在技术、政策等多方面障碍，异构人、机、物标识体系兼容互通较差。DNS、Handle、EPC 等标识申请、配置和信息变更效率无法满足 5G 时代下全联网高效实时标识服务要求。Handle、EPC 等尚未形成完善的安全保障和大规模服务能力。当前标识管理和推进组织繁多，各标准组织都在全力推动不同的标识体系，各自为政，竞争大于合作。当前标识体系大多针对特定应用场景，缺乏对共性需求的考虑，如对高效、移动、智能、兼容互通等需求考虑不足。如何提供安全可控、高效、智能、泛在、基础设施无关的标识解析服务是极具挑战及亟须探索的问题，是 5G 时代下全联网复杂巨系统中需要优先思考布局的核心问题。

二是卫星互联网络发展带来的挑战。当前全球超过 70% 的地理空间，近 30 亿人口未能实现互联网覆盖。最新卫星互联网理论网速可达到 1Gbps，是平均网速的近 180 倍。以 SpaceX 为代表的外国企业已经在发展低轨太空产业上占据先发优势，美国 SpaceX 公司计划发射 4.2 万颗星链卫星，截至 2020 年 6 月 4 日已经发射 482 颗。美国亚马逊的 Kuiper 计划发射 3236 颗卫星，英国 OneWeb 公司计划发射 1980 颗星座卫星。卫星互联网建设成本较低、覆盖地域面积更广，可绕过基于地基互联网网关的审查。对以 5G 为代表的地基互联网、国家安全等方面将产生一定影响。

三是量子网络发展带来的挑战。2018 年 6 月，美国白宫国家科技委员会（National Science and Technology Council，NSTC）成立量子信息科学（Quantum Information Science，QIS）子委员会，并在同年 9 月发布《国家量子信息科学战略概览》，该概览将量子信息科学定性为新一代技术革命，并建议从采取科学优先战略、提供关键基础设施等六个方面拓展美国在量子信息科学领域的领先地位。2018 年 12 月美国出台《国家量子倡议法案》，提出三大目标：用量子技术开发新一代传感器、制造量子计算机、建立全球量子通信系统。

2020 年 2 月 7 日，美国白宫发布一份《美国量子网络战略构想》，提出美国将建设量子互联网，确保量子信息科学惠及大众。该构想提出，要尽快实现量子网络的基础技术，为量子纠缠构建重复、交换和路由技术；未来 5 年，要研制量子网络的量子路由器、量子交换机、量子中继器、量子存储器、高通量量子信道和洲际天基纠缠分发设备。2020 年 7 月 23 日，美国能源部宣布在全美建立量子互联网，能源部将 17 家国家实验室作为美国量子互联网的骨架。量子互联网虽然仍可基于现有光纤网络进行通信，但将颠覆现有互联网架构、协议和标准，我们需提前应对。

从中短期来看，面临四方面挑战：

一是全球域名解析系统根区数据单边和封闭管理带来的挑战。截至 2019 年底，全球域名保有量 3.62 亿个，全球根服务器及镜像服务器共计 1189 个，日解析量约 1000 亿次，我国根服务器及镜像服务器有 12 个。全球递归服务器数量超过 1000 万，非递归服务器数量超过 500 万，我国递归服务器数量超过 150 万。全球国家与地区顶级域名（ccTLD）数量共计 312 个，通用顶级域名（Generic Top-level Domain，gTLD）数量共计 1240 个。当前，域名解析系统安全相关技术成熟，技术和组织机构完备，国际互联网工程任务组（The Internet Engineering Task Force，IETF）推动发布 DNS（Domain Name System）相关 RFC（Request For Comments）技术规范近 300 篇。

当前，全球域名系统根区数据管理存在管理权过于中心化、根服务器及镜像服务器分布失衡且可扩展性较差、安全保障及监管能力不足等问题。根区数据管理存在单边管理等问题，全球 13 个根服务器及其镜像服务器存在管理封闭等问题，面临国家顶级域名被从根区删除、篡改的风险和国家面临被根服务器、镜像服务器拒绝提供解析服务的风险。“根停服风险”严重威胁我国网络空间国家主权并危害互联网的开放和平等。

二是网络安全威胁带来的挑战。一方面新冠疫情后网络空间大国竞争和地缘政治对抗加剧，多边治理机制被严重削弱，网络空间碎片化和无序态势加剧，网络空间军事化和武器化进程加快，网络空间冲突和对抗风险持续加大，安全形势恶化。2020 年 5 月，兰德公司发布了以“2030 年未来战争”为主题的系列报告，特别提到未来十年新的战争形式，一是人工智能在军事领域的应用；二是关于信息的战争。当前，基于人工智能的网络攻击技术发展迅猛。人工智能技术颠覆性改变网络作战的规模和效率，基于人工智能的网络攻击，已经超出数字领域，向基础设施安全、政权安全、国家安全演进。

另一方面网络犯罪频繁发生。极端民族主义和极端宗教势力出现国际化趋势，恐怖主义的发展与网络空间日益相融合。钓鱼软件、恶意网站和恶意软件增长率急剧上升，针对互联网基础设施的 APT（Advanced Persistent Threat）攻击、DDoS（Distributed Denial of Service）攻击、数据泄露事件不断。同时，互联网基础资源领域广泛应用的 Bind 等开源软件也存在严重安全隐患（二级及以下权威服务器开源 Bind 软件占有率为 74.3%，递归服务器开源 Bind 软件占有率为 45.3%），当前开源 Bind 软件已知的漏洞达 200 多个，这些漏洞很容易被黑客和敌对分子利用，给互联网基础设施造成严重危害。

三是域名管理技术发展带来的挑战。域名管理技术主要分为用户侧域名管理技术和服务侧域名管理技术两大类。服务侧域名管理技术主要指以可扩展配置（Extensible Provisioning Protocol，EPP）域名注册协议、WHOIS 域名查询协议、DNS 安全扩展（DNS Security Extensions，DNSSEC）域名解析协议等为代表的递归域名服务器与权威域名服务器间的数据交互技术、架构、标准与协议等；用户侧域名管理技术主要指用户终端与本地递归服务器间的数据交互技术、架构、标准与协议等，用户侧域名管理具有本地管理的独特优势，其管理技术的发展可从根本上重塑当前层次化、中心化域名服务架构和体系。当前用户侧 DNS over HTTPS、DNS over TLS 等技术正代替传统的基于 UDP 的 DNS 协议，这些技术的发展一方面提供了安全、私密的域名解析、访问，另一方面也增加了对域名滥用的监管难度。RFC7706 协议（根解析本地化技术）、RFC8198 协议（对域名是否存在直接在本地进行判断，避免无效域名对权威服务器的查询）等这些技术的发展一方面大力提升了用户侧域名解析的效率，另一方面也改变了当前中心化、层次化域名解析管理架构。

同时，边缘计算的发展对 IP 地址、域名等互联网基础资源的需求也将不断提升。新的寻址技术和解决方案不断涌现，如命名数据网络（Named Data Networking，NDN），其命名寻址方式基于内容，而不是 IP 地址，这些技术的发展对现有互联网基础资源领域技术、应用和产业的发展均带来新的挑战。

四是全球信息领域产业链、技术链“脱钩”和“分裂”带来的挑战。在地缘政治博弈下，个别西方国家加大对我国的遏制和围堵，走向技术民族主义。当前，全球具有浓厚民族主义、保护主义以及地缘政治色彩的“产业链安全”“技术安全”大行其道。2018 年 8 月美国总统特朗普签署通过《外国投资风险审查现代化法案》。2019 年 5 月美国联合北约、欧盟、日本等 32 个国家和地区代表发布关于 5G 安全的《布拉格提案》。2020 年 8 月，美国国务卿蓬佩奥继在 4 月公布“5G 净网计划”后又宣布了“清洁网络计划”，对运营商、应用商店、应用程序、云服务、通信电缆等五个领域进行限制。至今美国已经将我国网信领域 300 多家企业和研究机构列入制裁名单，限制其获取美国技术和产品。当前，个别西方国家对我国的遏制手段已从贸易扩展到了科技、人员、资本、投资、金融等众多领域，形成一个个全球信息领域无形的、小的铁幕，推动对我国信息领域产业链和技术链的“脱钩”和“分裂”。

全球信息领域产业链、技术链的“脱钩”和“分裂”对我国互联网基础资源核心技术的发展带来严重影响。核心技术的发展一方面依托于市场培育；另一方面也得益于高端人才、技术、资本的投入和国际交流合作。当前，我国在高端芯片、操作系统、数据库等方面和美国相比还有很大差距，同时，在互联网基础资源领域我们也大量使用开源软件、工具和平台。虽然这些开源软件、工具和平台应遵循相应开源许可条款，提供源代码开放下载，但和芯片、操作系统、数据库一样很容易受到其所在国家管制（如当前全球最大开源代码托管平台 GitHub 和全球最大开源软件基金会 Apache 软件基金会，2019 年 5 月分别宣布其将遵循美国政府管制要求）。当前，构建新的以我国为主的信息领域生态系统尚需时日，个别西方国家对我国的技术、产业遏制将给我国互联网基础资源领域技术和产业的发展带来严重挑战。

三、我国互联网基础资源发展面临的机遇

我国互联网基础资源的发展一方面面临巨大挑战，另一方面也有着千载难逢的机遇。

在政策红利方面，个别西方国家对我国的遏制和围堵使我们彻底看清了其利用技术打压我国发展的真面目，彻底坚定了核心技术要牢牢掌握在自己手中的决心。当前支持我国互联网基础资源发展的法律法规、政策等密集出台，迎来系列政策机遇。防范化解个别西方国家技术封锁带来我国互联网基础资源领域千载难逢的发展机遇。

在“新基建”方面，“新基建”推动网络基础环境建设步伐加快。5G 网络将全面应用，推动万物互联时代新一轮技术、应用、产业的迭代发展和变革。有研究指出，到 2025 年我国 5G 网络投资累计将达 1.2 万亿元人民币以上，间接带动数十万亿元人民币的经济总

产出，溢出效应明显，预期在未来几年内，我国 5G 业务将率先应用于增强移动宽带领域，为音视频、网络游戏等丰富多样的富媒体应用提供超高传输速率。5G 技术实现传统产业的智能化升级、5G 加速人工智能和大数据的产业应用，也将催生大量创新应用和业态，有力提升相关行业全要素劳动生产率。同时，IPv6 部署将全面落地，用户规模显著提升。预期未来几年内，我国将围绕 IPv6 的芯片、操作系统、终端及网络设备、安全等一系列关键领域开展核心技术攻关，持续推进 IPv6 大规模应用。

未来几年，我国网民规模和农村地区互联网普及率将持续提升，互联网领域人口红利将进一步释放。截至 2020 年 3 月，我国仍有 4.96 亿未上网人群，① 有大量银发、低龄、三四线城市及乡镇人口还未接入互联网。随着上网门槛的持续降低、上网技能的不断提升及上网场景的日益丰富，我国网民规模有望于 2021 年突破 10 亿，农村地区互联网普及率有望于 2021 年突破 60%[基于我国网民规模、人口规模等历史数据，根据灰色理论建立 GM（1，1）模型，并利用 MATLAB 软件实现模型运算，对我国网民增长数量及互联网普及率增长趋势做出预测]，城乡数字鸿沟进一步消弭，互联网进一步向农村贫困地区及边远地区渗透，与农业生产、农村建设、农民生活加速融合。

未来几年，我国互联网应用市场将稳步发展。电子商务相关市场将逐步由粗放式高速发展过渡到重质量、重效率的中高速发展阶段。2019 年，《电子商务法》正式落地，网络消费行业的发展得到进一步规范。据测算，到 2021 年网络零售市场交易规模有望超过 14 万亿元，预计 2020~2021 年有望保持 15% 的增长速度；到 2021 年移动支付业务规模有望达到 555 万亿元人民币，预计 2020~2021 年有望

① 数据来源：CNNIC 第 45 次《中国互联网络发展状况统计报告》。

保持 25% 的增长速度（基于历史数据，构建模糊线性回归模型进行预测）。未来几年，个人互联网应用仍具备很大发展潜力，将保持良好发展势头，持续驱动数字经济快速发展。即时通信、网络购物、网络新闻、搜索引擎等应用将保持较高的使用率，并逐步为网民提供支付、游戏、O2O 等业务入口，以及更加广泛的信息、商务、生活、文娱服务接口，并逐步构建起生态链，形成平台效应。网上支付、网上外卖、网上理财等应用类型仍将保持较高的增长速度，为数字经济提供较强的驱动力。未来几年，新模式将进一步拓展市场发展新空间，如无接触经济、协同共享、线上线下融合发展等新模式将加速渗透，为互联网应用市场创造新的发展机遇。

未来几年，我国数字经济将持续高质量发展。数字经济与实体经济将深度融合发展，一是数字经济的发展为“中国制造”转型升级为“中国智造”带来了新的历史契机，预期未来 3 至 5 年，我国数字经济相关战略将深入实施，大数据、人工智能、机器人等新一代信息技术将进一步赋能先进制造业，持续催生智能工厂、制造网络平台、远程就业协作等新兴业态，创造出基于网络的新型协作组织，造就一大批拥有数字意识和技能的新型劳动者；二是数字经济为现代服务业发展提供了强大的动力，预期在未来的 3 至 5 年，互联网与现代服务业的融合将不断加强，线上、线下资源进一步整合；供给端升级将不断加快资源流动速度，从而更加有效地提升供应链效率，实现传统服务业态的转型升级。据有关机构预测，到 2025 年，我国数字经济规模将突破 60 万亿人民币。

四、发展我国互联网基础资源的几点建议

从长期来看（主要指 5 年以上），要从如下几个方面做好互联网基础资源领域核心技术的布局和突破。

一是要从“微观”“中观”“宏观”生态三个方面加强互联网基础资源领域核心技术突破。发展基于自主可控芯片、操作系统、数据库的平台级产品（如大数据平台、大计算平台、深度学习平台等）构建“微观生态”，基于平台级产品推进关键领域应用示范构建“中观生态”，基于“中观生态”推动我国互联网基础资源领域核心技术普适应用以构建“宏观生态”。二是要加大开源指令集和开源 EDA 工具等研发投入力度，突破核心芯片“卡脖子”的问题，开发面向互联网基础资源领域的专用芯片；在操作系统方面，大力发展面向云计算的智能化、平台化、服务化、一体化操作系统，突破面向全联网的专用操作系统；在数据库方面，大力发展面向云的云数据库系统、新型数据库系统等。三是政策引领，积极鼓励产学研用融合发展，加大力度建设我国天基卫星互联网络。四是突破量子网络基础技术（如量子交换、量子路由、量子计算机等），尽快构建全国量子试验网络。五是加快促进互联网基础资源政策生态、技术生态、产业生态的构建，推动构建尊重网络空间主权、共同参与治理的国际网络空间新格局。

从中期来看（主要指 5 年以内），要做好如下几个方面的架构设计、技术攻关、平台建设等工作。

一是尽快建设基于区块链的互联网基础资源服务平台。二是加快突破区块链在底层架构、共识算法、加密、安全等方面核心技术，建立基于区块链的新型域名管理技术与体系；通过建设无中心化、多方参与、可监管的新型域名共治链，实现根区数据的多方共治管理；通过建设共治根，实现多方共治、高效可扩展、可兼容演进的新型根服务器解析模式；以新型域名管理技术与体系推动符合多方共治和国际社群多利益相关方互联网治理理念的网络空间国际治理规则有效形成。三是加快建设面向全联网、去中心化、融合标识解析技术体系与服务平台。研究全联网标识解析服务架构，加速全联网标识服务体系的测试验证，分阶段推进，逐步建立去中心化、融合、可监管、可扩展的新型全联网标识解析服务平台；加快构建全联网标准，推动全联网技术在智能制造、智慧交通、智慧物流、智慧医疗等领域应用，推动建立全球标识跟解析服务体系，从根本上确保我国标识解析领域的技术主导权和标识资源管理的自主可控和数据安全。四是建设互联网基础资源大数据平台。高效采集、有效整合和深度利用互联网基础资源在注册、解析及应用支撑等各环节中产生的数据，结合技术、网络舆情、经济社会等多源异构数据，为提升互联网基础资源管理水平提供有力支撑。五是加大对互联网基础资源领域网络攻防对抗技术及发展规律的研究，建设互联网基础资源安全态势感知平台，建成集态势感知、云端威胁情报分析、深度流量探测、智能关联分析等一体的综合型平台。六是建设互联网路由安全公共服务平台，研究制定资源公共秘钥基础架构（Resource Public Key Infrastructure，RPKI）、边界网关协议安全扩展（BGPsec）等路由安全技术的工程化应用；开展基于 RPKI、BGPsec 等技术的网络路由安全公共服务试点。七是建立完善网络钓鱼欺诈主动探测技术体系和平台，基于人工智能、大数据，实现覆盖多源受理、主动探测、申诉处置的全流程处理和自动化处理，大幅缩短钓鱼网站发现周期。

未来几年，是“后疫情时代”地缘政治冲突对抗下全球技术链、供应链、产业链、价值链分化重构的关键时期，也是我国信息技术产业政策红利的快速释放期，我们需进一步加大互联网基础资源领域核心技术突破，推动我国数字经济新发展！

推进大数据中心建设

中国通信企业协会会长　苗建华

新基建是发展数字经济的基础与核心，而 5G 和数据中心又是新基建的“底座”，其地位和作用是不言而喻的。新基建下的数据中心不是传统的数据中心，尤其是随着云计算的快速发展，以及 5G 推动万物互联的变革，当前云网融合和云数一体化进程加快，数据中心、5G、云计算三者在信息基础设施中的地位越来越重要，联系也更加紧密。数据中心不只是存放计算、存储及网络设备的机房场所，它将结合并融入到新一代信息通信技术的发展当中去，将成为大数据中枢和智能算力载体，共同组成数字经济最核心的基础设施和动力引擎，共同促进产业、经济、社会的数字化、智能化、网络化转型升级。

目前我国数据中心产业总体上保持着快速发展的态势。第一个发展态势是产业规模进一步扩大，继续保持较高速度的增长。根据 IDC 圈的测算，2019 年我国数据中心业务收入达到了 1562.5 亿元人民币，同比增长27%，近三年产业规模翻了一倍，高于全球平均增速。2019 年我国数据中心占全球市场份额的 20.5%。

未来几年，随着 5G、工业互联网、物联网的发展，以制造业为代表的传统行业数字化转型将催生大量数据处理需求，进一步推动数据中心产业的规模增长。此外，2020 年的新冠疫情为中国企业、行业、社会和政府的数字化升级按下了快进键，这些数字化需求的增长离不开数据中心的支撑。

第二个发展态势是在数据中心的产业布局上。我国数据中心建设结合用户需求、资源优势、技术发展等因素不断优化总体布局。新建数据中心，尤其是大型和超大型数据中心逐渐向西部以及北上广深一线城市的周边区域转移。内蒙古、河北、贵州、宁夏等能源充足、气候适宜地区的数据中心规模在全国的占比超过 30%，北京、上海、广东的 IDC 其规模占比逐步下降。总体趋势是大型、超大型数据中心向资源优势地区聚集，需求集中地区向用户侧靠近。国家发改委提出将在 2020 年制定加快新型基础设施建设和发展的意见，并实施全国一体化大数据中心建设重大工程，将在全国布局 10 个左右区域级数据中心集群和智能计算中心，随着全国一体化大数据中心的建设，产业布局将进一步优化。

第三个发展态势是产业效能持续提升，绿色节能要求不断提高。数据中心的绿色节能一方面是运营企业受成本和效益的驱动，另一个更重要的因素是政府监管驱动。全国规划在建的数据中心平均设计 PUE1.5 左右，超大型、大型数据中心平均设计 PUE 分别为 1.41 和 1.48。新投产的大型和超大型数据中心实际 PUE 一般均低于 1.5，最优的水平能够达到 1.1 左右。

数字经济从概念提出到演进成为我国经济发展的重要战略，这一过程其实也是互联网、云计算、大数据等技术快速发展，科技创新、技术应用与实体经济不断融合、创新、发展的过程。当前，数字经济已经成为各国 GDP 增长的核心动力，成为各国激烈竞争的新的制高点。发展数字经济要依靠信息技术创新驱动，而数据中心已成为信息化发展的关键基础设施，为数字经济发展提供了有力支撑。

2019 年，我国数字经济增加值达到 35.8 万亿元人民币，占 GDP 比重达到 36.2%，同比提升 1.4 个百分点。按照可比口径计算，2019 年我国数字经济名义增长 15.6%，高于同期 GDP 名义增速约 7.85 个百分点。数字经济正加快与实体经济深度融合，对推动经济高质量发展的贡献不断增强，在国民经济中的地位进一步凸显。

数据中心作为数字经济中数字产业化的重要组成部分，长期保持在 25% 以上的增长。与此同时，和数据中心密切相关的互联网业务、软件及信息技术服务业也保持在较高的增长速度。随着传统产业的数字化转型升级，以及物联网、车联网、工业互联网的推广应用将进一步推动数据中心产业更加迅猛的发展。

数字产业化和产业数字化重塑生产力，是数字经济发展的核心。数字化治理引领生产关系深刻变革，是数字经济发展的保障。数据价值化重构生产要素体系，是数字经济发展的基础。数据是除技术、资本、劳动力、土地四大基本要素外的第五大生产要素。

数字经济对数据中心产业的影响不仅仅是传统意义上的规模增长，而是将推动产业的创新与变革。以数字驱动为特征、数据资源为要素的数字经济发展将对数据中心的需求规模、创新应用及价值运营带来新的变革，从而为数据中心的发展创造新机遇。

数字经济是一种新经济形态，新的经济形态需要新的基础设施加以支撑，才能实现更好、更快地发展。正是在这一背景下，今年 3 月中央提出加快 5G 网络、数据中心、人工智能、工业互联网、城际高速铁路和城际轨道交通、特高压、新能源汽车充电桩等 7 个领域新型基础设施建设进度。“新基建”是以新发展理念为引领，以技术创新为驱动，以信息网络为基础，面向高质量发展需要，提供数字转型、智能升级、融合创新等服务的基础设施体系，其内涵包括三方面：一是以 5G、数据中心、人工智能、云计算为代表的信息基础设施，二是以智能交通、智慧能源为代表的融合基础设施，三是重大科技和产业技术等创新基础设施。5G 和数据中心则是新基建的“底座”。

信息通信网络是发展数字经济、建设网络强国的重要基础设施，一个国家的信息通信网络发展水平决定了其国际竞争力和可持续创新发展能力。当前，通信网络与感知、计算深度融合，正加快从硬管道时代向软网络时代过渡，向软化、云化、智能化升级。运营商已经基本形成了云网融合的网络架构，正快速推进全云化。

此外，5G 的规模化发展推进了电信运营商云网的深度融合。IDC/ 云资源池快速、高效地支撑了 5G 部署，同时，面向 5G 和云网融合业务需求，运营商坚持以 IDC/ 云为中心，优化网络架构，降低时延。云网融合顺应了云计算技术和业务的发展趋势，也满足了通信网络转型升级的要求。

目前，托管业务仍是中国 IDC 业务中最大组成部分，但随着政府和企业逐步推进上云工程，托管业务比重正在下降，处于第二位的云计算业务比重逐年上升。IT 基础设施的云化正迎来市场拐点，根据 IDC 发布的《全球云计算 IT 基础设施市场预测报告》显示：2020 年第一季度，全球云 IT 基础设施投资达 145 亿美元，占比超过传统 IT 基础设施，达 55.13%，这意味着新的云 IT 架构将逐步替代旧的 IT 架构，成为市场的主导者。

随着新业务的发展和新技术的演进，全球运营商网络都在向云化方向转型，未来通信云网络将以 DC 为中心进行构建。此外，行业的数字化转型也在加速企业 DC 的云化进程，云 DC 正成为新的网络流量中心。

在发展数字经济的大背景下，在加快新型基础设施建设的要求下，数据中心产业肩负着新使命。数据中心产业应该从服务于国家数字经济战略的高度，通过创新转型，努力建设技术先进、管理科学、安全可靠、绿色环保的新型大数据中心。对数据中心产业的转型发展，我有几点建议供大家参考：

一是要以市场应用需求为引领，统筹行业和区域布局，做好顶层规划设计。当前，应站在国家“双循环”的发展格局下，厘清应用需求、统筹行业和区域合理布局，以适度超前的发展眼光做好规划设计，避免重复投资、盲目建设、长期空置。

二是要加大技术创新力度，重视产品创新、服务创新和管理创新。要满足新一代信息技术发展的新要求；要满足集约化经营、精细化管理、定制化服务的新要求；要满足绿色、节能、环保的监管新要求。

三是要从网络信息安全、数据资源安全、生产运营安全等方面高度重视数据中心的安全管理工作。数据中心承载的是实体经济数字化、网络化、智能化的资源和要素，是国家和企业的一种基础性和战略性资源，尤其是在当今网络无处不在、万物互联的时代，数据中心是经济发展、企业运营的重中之重，要健全安全机制、落实安全责任，做到万无一失。

四是要自觉加强行业自律，做到用户为根、服务为本，有序竞争、合作共赢，不忘初心、共担使命，携手打造数据中心健康产业链，为新基建、为数字经济发展奠定牢固的基石！

加快推动5G新基建
赋能数字经济新发展

河北省通信管理局党组书记、局长　周景耀

当前，我国正在形成以国内大循环为主体、国内国际双循环相互促进新的发展格局，推动数字经济实现新发展，是国家的战略大计，加快建设5G新基建步伐，赋能数字经济实现新发展，将有力推动经济社会高质量发展。

一、5G对数字经济发展的重要意义

2020年以来，面对新冠疫情和经济社会发展的严峻复杂形势，党中央、国务院高度重视5G建设。我们可以从数字经济对于国家发展战略的重要性、5G赋能数字经济新发展发挥的基础性重要作用方面去认识。

（一）数字经济对于国家发展战略的重要性

1. 行业数字化转型升级成为各国战略布局的关键。近年来，全球数字经济蓬勃发展，数字经济对GDP的整体带动作用日益凸显。2018年，47个国家数字经济总规模超过30.2万亿美元，占GDP的比重高达40.3%。同时，行业数字化转型升级成为各国战略布局的关键，美国、英国、德国、日本等多个国家纷纷加大支持力度，通过出台战略规划、成立产业联盟、实施产业项目等方式，大力推进产业数字化变革。在此背景下，我国更是面临着发达国家高端产业回流、低端产业向第三世界搬移等多重挑战，加速各行业数字化、网络化、智能化转型，提升我国各类产品的全球竞争力更显迫切。

2. 数字经济对我国 GDP 增长带动作用明显。2019 年，我国数字经济增加值规模达到 35.8 万亿元人民币，占 GDP 比重达到 36.2%，按照可比口径计算，2019 年我国数字经济名义增长 15.6%，高于同期 GDP 名义增速约 7.85 个百分点。2019 年数字产业化增加值达 7.1 万亿元人民币，占 GDP 比重 7.2%；产业数字化增加值达 28.8 万亿元人民币，占 GDP 比重为 29.0%。由此可见，数字经济对于我国 GDP 增长起到了至关重要的作用。

3. 新形势下发展数字经济更加现实和紧迫。当前，传统“铁公基”对经济的拉动作用边际效应下降，经济下行压力大，内需消费要寻求新的空间；传统工业制造业挑战大，企业要采用新的生产模式；城市治理挑战多，治理需要更加精细化、微粒化……这些现实问题都需要数字化来“破题”，都需要加快数字经济新发展来带动。而推动数字经济新发展的前提是要有以5G为代表的数字新基建的重要支撑。

（二）5G 赋能对数字经济新发展发挥着基础性关键作用

1. 5G 作为数字经济的基础设施，是各行业实现数字化转型的先决条件。5G 与 4G 相比，具有更高速率、更低时延、更广覆盖的特点。5G 峰值速率十倍于 4G，传输时延仅毫秒级，连接能力达百万级。5G 最重要的突破是将从人与人之间的通信，拓展到人与物、物与物之间的通信，开启了万物广泛互联、人机深度交互的新时代。面向未来，各行各业数字化转型升级都离不开 5G 这样的大带宽、广覆盖、高可靠的新一代信息基础设施的支撑。“欲筑室者，先治其基”。数字经济发展的“万丈高楼”要在5G坚实的“地基”上才能“平地起”。

2. 5G作为通信行业发展的主要驱动力，助力网络强国建设。一方面，5G驱动相关的配套信息技术同步高速演进，另一方面也推动应用的快速迭代发展。智能手机和移动购物、移动支付等新应用正是在4G的驱动下得以快速发展。同样，5G时代通信行业也将突破“最后一公里”的瓶颈，发生翻天覆地的变化。行业一旦插上5G的翅膀，将会推动行业生态、运营模式等发生明显的变革，实现全新的突破。

3. 5G直接带动传统制造业数字化转型，助力制造强国建设。5G助推智能制造，通过5G网络技术，3D打印、工业机器人等将更有条件得以推进。“5G+智能制造”提供发展机遇，5G加速制造业与数字经济深度融合。5G产业本身是智能制造的一部分，富有广阔的发展空间，为推动数字经济发展增加新动能。5G增强市场信息反应速度，在5G信息平台支持下，制造业可更快速地对不断变化的市场信息做出反应，加快培育制造业新模式新业态。

4. 5G作为数字经济未来发展的技术支撑，对数字经济增长的拉动作用将愈加凸显。5G数字新基建不仅本身将带来几万亿元甚至十几万亿元的投资需求，还将通过数字经济产业化、传统产业数字化、研发创新规模化而产生不可估量的叠加效应、乘数效应。据中国信息通信研究院测算，预计在2020~2025年，5G将拉动中国数字经济增长15.2万亿元人民币；其中5G带动的信息产业增加值部分，预计增长3.3万亿元人民币；5G技术对其他产业贡献部分，预计增长11.9万亿元人民币。

二、5G 赋能数字经济发展的现状分析

5G 和数字经济看着是两个概念，实际上是相辅相成的一体两面。一方面，5G 发展是数字经济发展的“倍增器”，另一方面数字经济的发展又是拉动 5G 发展的“助推器”。5G 如果说是作为供给侧提供强大的无线网络，数字经济则是需求侧为 5G 发展提供广阔的发展舞台。

（一）当前 5G 发展形势

当前 5G 的发展形势主要表现在：一是发展进程上，日渐加速。5G 网络建设在今年初按下“快进键”，R16 于今年 7 月 3 日冻结，让 5G 不仅能进一步赋能千行百业，还兼顾了效率、成本和效益等综合因素，有望催生新的数字生态产业。二是行业应用上，日渐融合。5G“融入百业、服务大众”，在今年初明确为新基建之首，成为数字社会建设的“新基石”。三是发展生态上，日渐共生。4G 改变生活，5G 改变社会。通信运营商发挥“扁担效应”，着力推动 5G 产业升级，“资源共享、融通发展、互利共赢”的新生态系统逐渐形成。

（二）5G 赋能数字经济发展面临的困难和挑战

1. 通信行业与其他行业融合不够。目前，不管是国家层面还是地方层面，各级政府出台政策，积极支持 5G 建设；各地通信管理局加大督导力度，积极推动 5G 建设；各运营商 5G 建设也在如火如荼进行中。但是，通信行业对各行业 5G 需求的挖掘不够，各行业对 5G 的认识不深，大规模复制推广的 5G 成熟应用模式尚待培育，5G 融入千行带动百业的赋能作用尚未真正发挥。

2. 5G 网络建设面临新难题。主要集中在建网成本和运维成本压力大、选址难和配套建设滞后等方面。建网成本主要是基站建设密度

较大，据中国信通院的估算，同等覆盖情况下，5G 基站数量是 4G 的 1.5 倍左右；运维成本主要是基站功耗高，初期单基站用电量是 4G 的 3–4 倍；选址难主要是站址需求量大、站点选址难、物业准入条件苛刻；配套建设滞后主要是电力、传输等方面的配套改造滞后于 5G 网络建设，以上难题阻碍了 5G 网络供给的进度和力度。

3. 5G 网络安全隐患日渐突出。5G 与众多主体相连接，不仅体现“国家政策”，而且事关关键信息基础设施稳定运行，当前面临着安全手段不健全风险、供应链相关风险、外部风险和终端风险等。

三、推动 5G 赋能数字经济新发展的思考建议

（一）加快推动 5G 新基建，应面向“网络、应用、技术、安全”四个重点环节，着力推动 5G 创新、融合、协同、健康发展

1. 加快 5G 创新发展，激发技术变革新动力。5G 通信技术的创新演进，将带动新一轮技术突破和产业变革。要将持续加大技术研发力度作为一项重点工作，着眼于未来的技术变革。一方面要推动基础技术变革。5G 引领新一代信息通信技术发展方向，直接促进移动通信技术代际跃迁，有望带动核心芯片、关键元器件、基础软件等技术突破。另一方面要加快融合技术变革。5G 与制造、交通、能源、医疗等深度融合，将推动人工智能、大数据、高清视频、虚拟现实等群体性技术升级。

2. 加快 5G 融合发展，创造产业转型新模式。5G 将加速经济社会数字化、网络化、智能化发展步伐。5G 应用将激发新型消费，加快商用进程，直接推动 5G 手机、智能家居等终端消费，培育诸如超高清（4K/8K）视频、虚拟现实 / 增强现实（VR/AR）等新型服务消费。5G 应用还将释放生产潜力，加快向工业、交通等垂直行业深度

融合，开启产业互联网新蓝海，推动数字经济实现消费互联网和产业互联网经济双轮驱动。

3. 加快 5G 协同发展，打造经济社会新基础。5G 正进入商用关键时期，加快 5G 发展是统筹疫情防控和经济社会发展重要行动之一，是对冲疫情和经济下行的有效方式。加快 5G 等新型基础设施建设将直接拉动产业链上下游巨额投资，带动千行百业扩大 5G 应用投资，有利于稳增长、扩内需。加快投资的同时，5G 建设涉及大量站址、线路、设备、电力等资源，资源规划、共建共享和节能减排对于提升经济效率也至关重要，将推动政府、企业等各方面进一步深化铁塔、室内分布系统、杆路、管道及配套设施共建共享。

4. 加快 5G 健康发展，实现网络安全新水平。着力构建 5G 安全保障体系，强化安全责任，推动建设多主体参与、多部门联动、多行业协同的安全治理机制。同时，还要提升自身安全能力，建立安全保障制度，打造有效的网络系统风险、关键设备检测、数据合规评估认证等网络安全机制；培育 5G 网络安全产业生态，打造让人民群众好用、放心用的 5G 网络。

（二）多方发力，为 5G 赋能数字经济新发展提供有力支撑

无线通信产业的快速发展，得益于市场主体与政策环境的良性互动。加快推动 5G 新基建，赋能数字经济新发展，既要面临产业自身能力问题，也要面临多方面政策环境问题。要强调发挥我国集中力量办大事的体制优势，充分发挥市场、政府和行业的各自优势，组合发挥政策驱动、行业推动和示范企业带动对 5G 赋能数字经济新发展的有力支撑。

1. 政府政策驱动，为 5G 持续发展提供有力支撑。良好的政策环境是产业发展的公共制度基础。要把 5G 赋能数字经济新发展纳入“十四五”规划等相关政策文件中，把 5G 网络建设纳入各级政府国

土空间规划，加大地方政策支持和落地实施，合力推进 5G 建设发展各项工作。加大通信行业与住建、交通、电力、税务等主管部门协调协作，加大基站站址资源、进场施工、电费优惠、财税优惠等政策支持。强化公共服务，提升支撑能力。支持领先企业利用 5G 融合新技术打造行业云服务、开源社区、检测认证等共性公共服务平台。

2. 行业统筹推动，为 5G 快速发展提供良好氛围。推动加快 5G 网络建设进度和工业互联网标识解析及安全态势感知平台建设，全力保障 5G 网络供给侧支撑能力。大力宣传和推广 5G，让用户了解 5G 具备的能力和为生产生活带来的变化，引导用户把 5G 用起来，充分运用 5G 能力解决生产生活中的具体问题。发动全社会的力量围绕 5G 网络基础开展创新。特别对具备综合应用 5G 等新一代信息技术基础能力的企业，推动其加速数字化转型升级，充分发挥 5G 新基建的效用，通过标杆示范引领提升 5G 商用的宣传效果和推广速度。

3. 企业示范带动，为 5G 创新引领提供不竭动力。企业是创新和竞争的主体，一直是我国无线通信产业快速发展的源动力。要高度重视发挥市场主体的积极性，以建设为牵引，发挥运营主体作用。基础电信企业做好 5G 网络部署的规划，明确发展方向，进一步强化合作，深化共建共享，降低 5G 网络建设成本，着力打造支撑 5G 三大应用场景的高品质网络，建设支撑经济社会转型发展的关键信息基础设施。以应用为导向，发挥行业企业作用。支持发挥 5G 应用领域有潜力的大型企业示范带动作用，与运营企业深度合作，加快医疗、工业、交通等重点场景融合创新。

数字经济重构产业逻辑

中国政策科学研究会常务理事 教授 白津夫

人类社会先后经历了农业革命、工业革命和信息革命，推动从农业文明、工业文明向数字文明演进。正像农业文明、工业文明给人类社会带来深刻影响一样，数字文明将推动全新变革，从更深层次上影响经济社会发展进程。正如有学者指出的，“数字革命对世界的贡献类似于工业革命时期自动化机器所做的事情”。[①] 推动经济发生格局性变化、企业形态发生深刻变革，并在重塑发展格局和产业逻辑的同时，也对一些约定俗成的经济定理提出挑战，推动经济理论创新。

1. 从“竞争战略”到“创造协同”。长期以来，公司战略是基于“竞争”而建构的，通常以“竞争战略”为模板。迈克尔·波特的“竞争战略”甚至被奉为公司战略的金科玉律，深刻影响公司的战略发展。然而，在数字形态下，公司战略并不是追求所谓“竞争优势”，而是让企业能够“持续创造价值”，这是一个“创造协同”的过程。“公司战略的核心思想是创造业务间的协同”。[②]

这是从工业化思维转向数字化思维的转型过程，也是从竞争思维到共生思维的转变，是重构产业逻辑的起点。

---

① 贾森·艾博年，布莱恩·曼宁．商业新模式—企业数字化转型之路．中国人民大学出版社，2017.

② 托德·曾格．超越竞争优势：新时期的持续增长战略．中国人民大学出版社，2019.

工业化思维以个体竞争为原则，追求各自利益最大化，以创造“更多、更快、更经济”产品为目标，以大规模生产为特征，奉行产出至上、市场为王。

数字化思维突出互联共享为原则，以客户需求为导向，以提供“更快、更好、更便宜”服务为目标，以小规模定制为特点，奉行质量第一，效益至上。

这里，核心体现的是由“生产导向”到“客户导向”，工业时代的竞争是规模最大化的竞争，企业通过大规模生产、大规模销售，从而形成市场竞争优势。与之相适应的是企业规模愈来愈大，以保持竞争的绝对优势。

而数字时代是通过开放合作实现效益最大化，企业通过贴近客户、理解需求，实行小规模定制、精益化制作，形成供需合理匹配，从而实现效率最大化，实现包括消费者在内的各自效益最优化。

在这方面实践已经走在前面，大量涌现的互联网企业、平台经济、共享经济等新业态、新模式，之所以能够快速高效成长，很重要一点就是奉行新的产业逻辑。

2. 从规模经济到范围经济。规模经济由大规模生产形成，主要满足标准化、同一化的市场要求。要实现规模化生产首先要满足标准化要求，这样才能实现批量化供给。同时要求市场的同一化，这样才能实现规模化流通和销售。这是大工业时代的基本特征。

范围经济是由厂商的范围而非规模带来的经济。适应个性化、定制化的市场需求，发展规模适度、特点突出、跨界经营的经济模式。促进供需精准对接、业态多样化组合，目标是实现共同价值最大化。随着万物互联和融媒体、自媒体发展，范围经济呈大发展之势。特别是新冠疫情发生以来，网上直销、直播带货、无接触经济等大量涌现，进一步拓展了范围经济的领域。范围经济甚至无范围可言，需求指向哪里范围就扩展到哪里，创造了需求导向的无边界经济现象。

更重要的是，范围经济让消费者共同参与、合理分享，不仅惠及各方，也降低总体运行成本。这也是对“零边际成本社会”的现实解读。传统观点认为，边际成本会随着规模经济或其他变量影响，边际成本递减或递增。但是，在数字经济条件下，边际成本既非递增也非递减，而是接近于零。正如《零边际成本社会》一书作者杰里米·里夫金所言：“在协同共享条件下边际成本几近于零”。同时，也是对科斯等经济学家致力于确定最佳规模，以求降低交易成本理论的修正。“因为在网络联通条件下，该公司规模无须同步增长即可实现业绩扩张”。①

3. 从组织化管理到数字化管理。从科学管理发端，管理就是以组织化为前提的，管理对象是有组织的个人和由个人构成的组织。随着产业变革，管理的重心逐渐由个人向组织变迁。这一变迁过程可以简化为：对人的管理（泰勒的“科学管理”）、对人的行为管理、对管理者的管理、对组织的管理（学习型组织），这些都是以公司为载体的组织化管理。

数字化管理是借助数字技术和数字平台的管理，通过整体数据的融通、洞察和分析，动态优化企业各类要素，构建数据驱动的敏捷管理和决策体系，让管理不再受既定组织边界束缚。当然，数字化管理不仅在技术层面有所突破，更重要的是管理角色的转换，让生产者成为管理者，通过充分沟通交流、协调互动，激发最大潜能、活力和创造力。使管理更加人性化，更加科学化，更有利于实现自我价值最大化，从而使协作和管理更高效。

4. 从层级化结构到网络化结构。这是数字时代企业组织形态变化的大趋势。之所以会如此，正如凯文·凯利指出的：传统企业的科层制组织结构，已不适应数字时代企业跨界融合、市场驱动、信息交

---

① 柏拉格·康纳．超级版图：全球供应链、超级城市与新商业文明的崛起．中信出版集团，2016.

互、业务协同的要求，去中心化、平台化、无边界是企业组织变革的重要趋向。所有的产业都在向分散式结构靠拢，未来这个趋势会持续发展。

有学者同时指出：以无边界、自组织为特征的企业组织形态，是数字时代企业组织变革的大趋势。这其中无边界是变革的逻辑基点，表现为通过信息技术，以各种经济连接为纽带进行组织形态优化，基于新型分工协作进行跨企业边界的资源整合，构建集聚各方优势、激发人的创造活力的无边界组织。使企业组织形态呈现组织功能单元虚拟化，组织要素分散化、组织形式弹性化和网络化，企业与企业之间，企业与消费者之间边界模糊化。

5. 从中心化向平台化转变。从过去的生产中心、销售中心模式，转变为线上线下一体化的平台体系。平台成为产业组织核心、运行主体。平台促进产业链互联互通，产业体系融合互动，形成产业平台化发展生态。

通过工业互联网、工业云平台、工业 App 布局，联通创新链、产业链、供应链，促进基于数据的跨区域、分布式生产、运营，提升全产业链资源要素配置效率。推动实现个性定制、联程设计、智能生产、网络协同、服务延伸。

人类已经进入“在线社会”，实时在线、全程连接、全域覆盖，使线上线下真正融为一体，将全面提升平台经济的功能和水平，给经济社会带来深刻变革。加上 5G 技术的应用，终端和场景将更为丰富，最终形成万物互联的全新生态。推动产业全流程变革，强化基于在线平台的互动合作。

6. 从做项目到做生态。通过平台赋能，打通产业链供应链，形成互联互通、协同发展的产业格局。创造新的产业氛围，促进各类产业互补成长、为产业链各环节融合合作创造条件。

做项目，就是以引进项目、集聚企业为取向，往往形成产业在特定物理空间“扎堆”，缺乏产业间的有机联系和系统性整合，抑制关联效应发挥。

做生态，让企业由过去相对封闭的独立组织变成通过各种信息和合作关系联结的网络，推动形成产业生态圈。就如同商业要有“商气”才能做起来一样，其他产业发展更加需要有产业成长的大环境、生态场。同时，引导企业间从产能合作向产业链合作延伸，形成产业链互补链接、上下游融合发展的产业共同体，以共创、相互赋能、共享的合作模式实现产业形态升维，促进形成放大、叠加、倍增的关联效应。

数字经济将成政策发力点

中南财经政法大学数字经济研究院执行院长、教授　盘和林

“十四五”规划是贯穿 2021 年至 2025 年我国国民经济和社会发展的中期规划，用以确定未来五年经济和社会发展的目标和方向，可以说，“十四五”规划具有承上启下、为未来打下坚实基础的重要作用。

总体而言，创新驱动发展，培育新的竞争优势是“十四五”时期的重要方向。新基建、产业数字化、工业互联网或将成为重要发力点和突破口。

新基建和工业互联网，是未来工作重点

目前我国疫情已得到基本控制，审时度势，积极根据形势进行宏观经济政策调整助推经济发展是当务之急，也是“十四五”规划必然会关注的问题。消费作为经济增长的传统三驾马车之一，一直以来都对经济的高质量发展起着重要的拉动作用。接下来，提振消费者信心、推进消费转型升级，就尤为重要。

疫情虽然使得不少居民放弃或推迟了原本的消费计划，但也出现了新的消费需求。突如其来的疫情给传统接触式经济按下了暂停键，如交通运输、旅游、餐饮、线下教育等，却为“宅经济”等非接触经

济按下了快进键，云消费、云办公、云学习、云医疗等新业态发展势头强劲，疫情期间，以云经济为代表的消费新业态顺势快速增长。

天眼查数据显示，我国目前共有超过 1000 家从事在线医疗相关业务的企业，北京是相关企业的聚集地，数量达到 350 余家，占比超过 31%。我国第二季度新增超过 5600 家无人经济相关企业，较去年同比增长 45.2%。

相关企业数量增长的背后，也说明消费者的消费需求正在发生变化，开始逐渐向信息化、数字化、智能化等更多元化的方向靠拢，云经济、智能化产品和服务已成为人们消费的潮流，如可穿戴设备、智能家居解决方案、虚拟现实、超高清视频等新型信息产品，在线课程教育、虚拟养老院、线上线下融合的新消费等新型智能服务，都在悄然渗透到我们生活的方方面面。可以说，“智能 +”消费生态体系的建设篇章才刚刚开始，我国绿色、智能、高效产品的市场占比还有很大的提升空间。

要激发消费活力，加快信息基础设施建设是关键。疫情之中，云消费、云办公、云学习等线上创新服务模式已经为消费者认可和接受，而这种创新模式的实现以互联网、数字化等云、网、端的基础设施为依托。这次疫情虽然让我们看到“智能 +”消费的巨大潜力，但农村存在最为显著的信息建设短板。为了补齐短板，我们注意到，各地建设数据中心的力度都很大。因此要延续消费升级趋势，加快基础设施建设、推进信息服务全覆盖十分必要。

新基建辐射面很广，融合应用场景无所不在，城市管理建设、医疗服务、工业、农业、交通、媒体、社区等各个行业受益于这些新技术的影响，将会释放巨大的消费需求和经济活力。一方面，电子信息制造业、信息通信业互联网等数字产业化发展速度无疑会加快；另一方面，产业数字化规模会扩大，传统产业会加速线上化、智能化。例如疫情导致消费方式发生了较大的变化，“宅经济”正在兴起，无接触物流、在线教育、在线诊疗等线上产业获得了大范围的推广，“智能+”工业互联网平台、农业智能化发展等传统行业改革创新都将迎来加速。

当前工业互联网已进入大发展时代，是全球各国竞相布局的重要领域，被视为经济发展的新动力之一。工业互联网作为新一代信息技术与制造业深度融合的产物，正在成为我国制造业供给侧结构性改革的新抓手，经济转型升级带来的机遇大于挑战，我们需要依托超大体量的市场优势，不断探索工业互联网建设中的技术、标准、架构、商业模式等关键要素。

中小企业数字化、企业上云具有紧迫性

近年来，优化营商环境成为各项政府会议中的高频词汇，国家为了优化营商环境确实下定了决心、给足了力度。这是因为，面对经济下行压力和经济转型需要，为了激发经济主体活力，必须要优化营商环境来改善企业投资和经营环境、提高群众创业的积极性、吸引对外投资等。可以说，构建市场化、法治化、国际化营商环境是促进经济创新、高质量发展，提升经济竞争力的必然选择，也是政策聚焦点之所在。

2020 年以来，政策推动下，资本市场服务科技创新以及“两新一重”的力度在加大，这类高科技行业的建设能够引导劳动要素的再分配，能够开拓更多的需求空间和培育新的业态，通过与商业模式的紧密结合，进而能创造新的就业岗位，对于解决就业压力具有重要作用，也能有效助推高质量发展。而且高科技行业的建设能够引导劳动要素的再分配，由低生产率和收入增长的行业向高收入增长的行业转移，为了更好地适应新的劳动力市场，同时对人才层次也提出了更高的要求，进而促进人才学历水平、专业技能等能力层次的提升。

多层次资本市场如何更好服务新兴产业，满足多种融资需求也是政策关注点。一方面对新兴产业的支持方式可能会增多，同时建立财政金

融多手段结合的系统服务架构，调动银行、证券、保险、信托、担保等市场主体的积极作用，发挥整体最高效能。另一方面制度创新可能会继续加快，增强资本市场的包容性和加快完善创业板以及主板、新三板等各板块之间衔接的制度建设，包容更多新兴产业，增强市场活力。

可以预期，科技创新以及“两新一重”型企业的营商环境将迎来进一步优化改善，国家对新兴产业相关配套金融服务体系建设将进一步强化，引导金融机构提升对创新主体的服务能力，加大股权、债券市场对新兴产业投资的支持力度、拓宽直接融资渠道，引导资金进入新兴产业领域。

在这个背景下，助力中小企业数字化改造、企业上云的重要性和紧迫性也可能会成为工作重点。在大力发展新技术的背景下，新业态、新产业迎来快速发展，释放出更大的消费需求，将助推中小企业通过数字化提供能够克服空间障碍、更符合消费者实际需求、生产和服务效率更高更智能化的服务。当前中小企业普遍转型能力不足，因此，加强中小企业转型服务支持、提升其转型能力也很重要。

提升社会数据资源价值，是发展数字经济的重要一环

当前我国对数字经济的重视程度正在不断提升，数据和其他生产要素一样，已经逐步渗透在整个实体经济运行的过程中。

根据中国信息通信研究院数据，近十年来，中国数字经济规模在持续扩大。我国数字经济总量从 2008 年的 4.81 万亿元人民币上涨至 2018 年的 31.3 万亿元人民币，占 GDP 比重达 34.8%，对 GDP 增长的贡献率超过三分之二；创造就业岗位 1.91 亿个，占当年总就业人数的 24.6%，同比增长 11.5%，显著高于同期全国总就业规模增速。显然，数字经济已成为带动我国国民经济发展的核心关键力量。

数字经济在国民经济中发挥着重要作用，数据作为生产要素作用

的凸显，一方面来源于不断成熟的新技术支持，另一方面，则是我国经济发展新旧动能转换、实现高质量发展的客观需要。

未来提升社会数据资源价值将成为发展数字经济的重要一环，“社会数据”将包括构建在大数据、云计算、移动互联以及社交网络等新技术的基础上，社会、企业、个人复合互动过程中所产生的数据。社会数据提升“价值”是后续“开放”的基础，目前数据隐私保护机制尚不成熟，数据“开放”涉及隐私安全甚至国家安全的问题，还需要探索建立规范的数据管理制度。之急是将社会数据资源价值提升上来，加快培育数据要素市场，发挥经济价值。

加快培育数字经济产业也是重中之重。一方面，数字经济的发展便于我国经济结构的持续优化，赋能传统产业，使传统产业的各个生产环节升级改造，资源配置效率提升；另一方面可以催生新业态，通过大数据、云计算、区块链等技术融合发展，现有的商业规则和生产模式衍生出新业态。数字经济引领经济社会发展已经成为广泛共识，是我国创新驱动发展战略的重要载体，有助于构建新的竞争优势，抢占经济发展制高点。

“新基建”促进双循环新格局

润泽科技发展有限公司董事长 周超男

疫情期间，我国的在线教育、远程医疗、电子商务、云游戏等行业发展迅猛，新型消费、升级消费得到不断培育壮大。在党中央的部署下，“新基建”将进入一个加速推进的快车道。“加快 5G 网络、数据中心等新型基础设施建设进度”，成为统筹推进疫情防控和经济社会发展的重要举措，为关键时期的中国经济发展指明了方向。

“新基建”通过数字经济和高端科技的快速发展为中国提供新一轮工业和科技革命的重要基础，是现阶段中国经济高质量发展的必要条件之一。“新基建”具有蕴含技术与知识含量高、产品附加值高、强大的产业关联性和渗透能力等特点，通过对新一代信息技术、高端制造业和新型现代服务业的大力投入，不仅能够加速我国经济的结构优化和投资带动，为我国的经济增长提供创新和持久的动力，还能够大幅提高我国教育、文化、医疗卫生、体育、养老和环保等领域的规模和质量，更好地服务于消费升级，更好满足人民美好生活需要。

“新基建”是一场浩瀚庞大的社会经济与民生福祉工程，涉及工农业生产服务体系、公共卫生服务体系、应急物资储备体系、国家物流枢纽体系等，将成为中国经济增长新引擎。一头连着巨大的社会投资与需求，一头连着数智技术供给侧的提速升级，传统产业与新兴产业迭代升级，线上线下快速融合，数智化产业创新融合是必然趋势，“新基建”将给中国的经济增长和自主创新带来深刻的现实影响和深远的历史意义。

未来5年，将是我国信息技术产业政策红利的快速释放期，是新一代信息技术驱动产业结构升级的激烈竞逐期，是数据资源禀赋的集中彰显期，是中国模式向国际社会扩散的关键成型期。信息技术创新加速和信息技术产业格局深度调整为我国核心技术突破带来新机遇。随着“新基建”的加速发展，一定会带来更多的业态创新。数字经济已成为就业“稳定器”和“倍增器”，“新基建”将成为推动我国数字经济新发展的重要驱动，数字经济的快速发展，将创造出更多、更高质量的就业机会。

“新基建”不仅是实施“双循环”战略的主要抓手之一，更是在短期内有助于扩大内需，稳增长、稳就业。此外，因为它将会长期增加有效供给，培育中国经济新增长点，培育新经济、新技术和新产业，所以相对于纯消费而言，新基建在长期更有利于增加有效供给，扩大产业链。

以数据中心为例，在“新基建”背景下，依据“梅特卡夫定律”原理，数据中心产业需综合布局一线、二线、三线城市的新型数据中心体系，构建新型数据中心核心层、汇聚层、接入层结构点的整体布局；构建与新型数据中心结构点相匹配的，高速、安全、稳定的干线、城域、接入智能数据网络传输体系，形成“先进新型数据中心节点＋高速智能数据网络传输”的点、线、面一体化格局。

以日常消费为例，在“新基建”背景下需打造创新的商业理念和商业模式，利用大数据在商贸领域开展创新应用。例如：线下打造智惠新仓购商贸体验中心；线上，将搭建便捷、多通道的电子商务平台，形成线上线下融合推广的新渠道新模式，探索数字经济下的企业品牌建设的新手段、新途径，助力各地一二三产业积极融入“以国内大循环为主体、国内国际双循环相互促进的新发展格局”。

以惠农、惠企、惠民为例，利用数字赋能，依托数字技术在全国范围内甄选有品质、有潜力、有内涵的名优特产品，包括“一县三品”，即县域最具竞争力的优势农副产品、工业品、文旅产品，以及“驰名商标”“出口转内销”等三大类商品。通过严控、严选把住品质关，深入挖掘品牌文化内涵，顺应新消费需求，重燃“新国货”潮流。通过产地直采、厂商定制、产地仓发货和数字化、精细化管理等手段，进一步让利消费者，服务民生，实现“一件也是批发价”的惠民目标。同时，通过区域品牌集中展示展销，进行体系化推广，减少中间环节及物流费用，进一步扩大供应商销量，提升品牌影响力美誉度，实现合作共赢的惠企目标。

以新型消费为例，新消费模式将注重消费者体验，在注入文化艺术、时尚潮流、亲子游玩等元素的同时，通过虚拟现实（VR）、增强现实（AR）及混合现实（MR）等技术，着力搭建AR导购、仓播带货、创意设计等沉浸式购物环境，全面展现名优特产品所蕴含的历史文化风情及祖国山水田野风光，为消费者提供全方位的感官体验，使其成为周边居民休闲娱乐购物、辐射区域集团采购的首选。

“新基建”依托新技术。“新基建”迭代发展需要源源不断的技术支撑与升级，新技术面临开发周期、成本、市场推广等困难，同时面临投资风险更大的问题。“新基建”塑造新体系。全新的数字化技术体系在核心关键技术创新与应用方面面临巨大挑战，如何基于传统基础设施进行数字化改造，夯实基础技术、丰富应用场景任务艰巨。新应用催生新安全。“新基建”领域会撬动整个行业，给生活、企业生产和社会协作方式带来非常巨大的变化，相关业务安全风险、应用场景安全风险和关键技术安全风险将逐渐浮出水面。

“新基建”背景下，各行各业将更多、更深入地运用大数据技术，打通生产、分配、流通、消费等各个环节，实现人流、物流、信息流、资金流等要素的自由循环，降低外向依赖，挖掘国内需求，助力畅通国内经济大循环，服务国内国际双循环。

中篇

应用实践

2020
数字经济大会报告

打造国家北斗数据底座 推动数字经济创新发展

北京大学时空大数据协同创新中心主任　程承旗
北京大学时空大数据协同创新中心副主任　李林

一、背景：数字经济发展亟须解决国家层面大数据组织与共享

根据中国信息通信研究院发布的《中国数字经济发展白皮书（2020年）》，“数字经济是以数字化的知识和信息作为关键生产要素，以数字技术为核心驱动力，以现代信息网络为重要载体，通过数字技术与实体经济深度融合，不断提高数字化、网络化、智能化水平，加速重构经济发展与治理模式的新型经济形态”。白皮书还正式提出了数字经济的“四化”分析框架，即数据价值化、数字产业化、产业数字化、数字化治理。

当前我国数字经济整体发展迈向新高度，数字经济规模不断扩张、贡献不断增大。2019年，我国数字经济增加值规模达到35.8万亿元人民币，占GDP比重达到36.2%。从4个维度具体表现为：①数字产业化稳步发展。数字产业实现较为稳健的发展，基础进一步夯实，内部结构持续优化，软件业和互联网行业占比持续小幅度提升。②产业数字化深入推进。产业数字化转型由单点应用向连续协同演

进，数据集成、平台赋能成为推动产业数字化发展的关键。③数字化治理能力提升。以数字政府为代表，从中央到地方政府公共服务供给能力显著提升；新型智慧城市已经进入以人为本、成效导向、统筹集约、协同创新的新发展阶段。④数据价值化加速推进。数据日益成为数字经济发展的关键生产要素。从产业角度来看，数据供应链的体系分工不断细化，在数据采集、数据标注、数据存储、数据挖掘和分析、数据安全等多环节形成了一定的产业集聚。

与此同时，中国数字经济仍然面临产业数字化基础薄弱、与实体经济融合不深、数据开放共享水平不够、智慧社会建设与社会治理需求不匹配等诸多难题。其中，大数据的组织和共享是国家层面亟待解决的基础性瓶颈问题：①从大数据组织的技术看，现有的解决办法是建立元数据体系，但由于元数据面对的对象复杂多样，元数据本身需要人为定义，难以形成统一规则标准；在实际应用中元数据结构已变得越来越复杂，甚至有的元数据库已达十几层，维护工作量极大，难以满足实时性更新的要求。②从大数据共享交换的机制、设施看，目前政府部门内部和社会公众之间以及企业之间的数据孤岛现象依然大量存在，如何形成大数据高效便捷共享的数据基础设施平台及其运作机制成为各方探索的热点问题。

二、对策：基于北斗网格码国家标准技术打造北斗数据底座

1. 北斗网格码

北斗网格码是北斗网格编码与大数据组织利用技术体系的简称。它是一项中国自主原创、有望引领全球标准的时空大数据范畴基础性重大创新，包括两个层面内容：①北斗网格编码技术；②基于北斗网格的时空大数据组织利用技术。

北斗网格编码是一套新型全球空间位置框架和编码方法，因被国家北斗系统列为经纬度之外新的空间位置输出标准而得名。其理论基础为 GeoSOT 模型，该模型将地表以上 52 万公里到近地心的地球全域空间剖分成最大为整个地球、最小 1.5 厘米的 32 级网格体元，每个网格均有唯一的二进制整形编码。

BD-GDS 作为一种数据组织管理平台性技术，将北斗网格编码自身面对的空间数据范畴扩展到具有时空属性的多源异构大数据范畴，为时空大数据的组织提供了开放性数据架构。在数据组织的方法论层面，其将传统的面向对象的数据管理转化为面向空间的数据管理。无论对象数据的时态、结构等如何变化，利用空间网格的客观唯一性，以不变应万变是多源异构数据统一组织的有效手段。

因此，北斗网格码技术一方面是对全球全域空间的信息精准化编码表达，能为陆海空天电及地下的每一寸空间赋予可计算、易检索的全球唯一空间标识；另一方面也是基于空间的大数据组织框架，结合时间编码可为地球空间万事万物赋予时空数据属性，实现以时空编码为主索引的万物数据互联。

基于北斗网格码的技术标准体系正逐步完善。国军标《地球表面空间网格与编码》（GJB 8896-2017）、国家高分重大专项标准 GFB 30201-2018《高分卫星遥感信息剖分组织参考框架》已颁布；国家测绘标准《地球空间网格编码规则》和国家北斗标准《北斗网格位置码》即将在近期发布；公安、住建、消防、邮政及智慧城市、空域管控等多个行业级标准已进入编制阶段。

2. 北斗网格数据底座

北斗网格数据底座是指利用北斗网格码技术构建的一套基于时空编码实现海量多源异构数据的汇聚、组织、共享、服务的工程化平台体系。该底座平台面向的是具有时空属性的各类数据，即通常所说的时空大数据（在现实世界中的数据超过 80% 与地理位置有关）。数据来源上先以政府掌握的基础空间地理、行业管理以及政务信息数据等为主，再逐步引接汇入互联网数据、企业内部数据等更广泛数据。

北斗网格数据底座在大数据组织和大数据利用两个层面具有创新价值：

（1）大数据组织价值

北斗网格码作为时空大数据的组织框架，通过如下方式将万事万物统一到一个数据模型中：①一位一码（网格 + 空间），空间精确标识，立体化管控；②一物一码（网格 + ID），事物精准映射，精细化管理；③一事一码（网格 + 活动），事件动态监测，智能化治理。

从数据角度看，北斗网格数据底座具有如下特点：①“全域”。在范畴上实现陆海一体、城乡融合，涵盖空天地海以及地下、电磁场 / 引力场 / 气象场等各类空间。②“全量”。包括自然地形地貌、房屋建筑等偏静态数据，城市运行状态、气象海洋环境等偏动态数据以及人类活动数据等。③“全时”。在 5G、物联网等新一代信息技术推动下，数据的即时交互性大大增强，实现虚实交融、实时映射、精准操控仅仅是时间早晚问题。

（2）大数据利用价值

首先，网格是“块数据”的一种载体单元，而“块数据”是发挥大数据应用价值的基本形式，因此基于北斗网格数据底座可方便实现数据的“打码”“装箱”分发及交互，特别是通过网格和网格组合可灵活实现面向用户的“切片”式数据按需调用。同时，不同于常规的网格工具，北斗网格数据底座将空间网格、数据网格和管理网格相统一，实现了数据、业务、管理的内在一致性，有利于社会更大范围建立数据驱动的新型运作体系。

其次，北斗网格数据底座能够支撑基于网格的多部门数据共享交换和面向用户的大数据分析利用服务：①通过构建开放数据架构，保证数据的方便接入汇聚与持续动态更新；网格编码索引穿透到基础数据层面，将数据集“可查可看”进一步提升为数据项“可提取可运算”，从技术上支撑解决现阶段各部门数据共享交换难题。②可实现灵活多样的数据应用服务，如网格数据图层服务、提供网格 API 工具等；还可进一步提供支持二次开发的时空网格数据产品工具包，面向各行业各领域用户提供大数据分析利用增值服务；通过数据网格实现大数据资源单位化、标签化、资产化，从技术上支撑破解现阶段大数据分析利用、增值服务难题。

三、落地：北斗网格数据底座体系的构建

1. 数据底座的属性定位与分布式体系架构

北斗网格数据底座系统是一个工程化的平台体系，是支撑数字经济发展的新型数据基础设施之一，属于数字化新基建的重要范畴，具有较强的公共品属性。数据底座核心是解决大数据的组织汇聚问题，结合数据中台、应用中台等建设提供大数据共享交换和按需服务等应用价值。

从应用部署上，北斗网格数据底座具有分层级多节点的体系化特点，至少具有“国家—省级—城市级”的三级基本层级划分，空间布局上相应是“1 个国家节点 +31 个省级节点 +600 多个城市节点”的分布式格局。

同时，北斗网格数据底座汇聚的是在一定空间范围内的多领域多行业数据，其首先提供了一个相对恒定的时空数据组织框架，可以分阶段分步骤各自独立地引接汇聚各个领域 / 行业的数据。根据应用需求可独立构建“自然资源行业数据底座、智慧城市规划建设数据底座、邮政寄递数据底座、数字孪生电网数据底座、应急管理数据底

座”等细分行业领域的数据底座，最终通过时空关联自动融合成为一个统一的时空大数据网格底座。

2. 基石性节点：城市级数据底座，推动全国一盘棋

在北斗网格数据底座体系中，城市级数据底座具有承上启下的核心意义。数字经济时代城市在经济社会发展中的地位越来越重要。也正因为如此，数字孪生这一新型智慧城市的解决方案正受到前所未有的热切关注。

城市级北斗网格数据底座就是汇聚 BD（北斗数据）+GIS+BIM+IoT+5G 等海量多源异构数据，通过时空编码实现一体化组织，形成城市全域空间数字孪生。这一技术体系彻底解决了传统 CIM（城市信息模型）构建中的模型开放性和动态化的瓶颈问题。

基于北斗网格数据底座的数字孪生新型 CIM 平台具有全域空间三维立体化、数据时空编码标准化、全量数据动态可视化、数据服务按需灵活化以及架构开放性、数据继承性、更新动态性、交互实时性等基本特点，是支撑各行业各领域应用及国家大数据平台建设的统一通用时空数据模型基底。

3. 北斗网格数据底座的相关实践

在城市级数据底座层面，深圳市坪山区已明确将北斗网格码技术的应用列入政府工作报告，打造新型智慧城市的网格数据底座；雄安新区容东片区智慧城市专项规划明确用北斗网格码标识每一寸土地，实现空间全标识、空间全感知；海南省、北京市已进入技术方案评审、对接阶段；长春市、济南市等地已进行多轮技术对接，特别是乌镇镇政府正在建设的新型智慧城市（微笑乌镇）建设，正式将北斗网格码数据底座纳入乌镇城市码一期建设，创建了一套惠民服务与国家基层社会治理相结合的新型数据驱动模式。

在行业/领域级数据底座层面，北京市规划和自然资源管理部门已部署相关软件系统，国家电网、南方电网下属公司已完成多个科技试点项目，北京燃气集团项目已进入二期实施阶段，北京市东城区精细网格数据底座系统、甘肃消防网格标识系统等多个项目已顺利实施。

四、结论与建议

综上所述，利用北斗网格码技术打造北斗网格数据底座，能够有效应对大数据组织这一制约数字经济发展的基础性瓶颈问题，能够支撑拓展大数据的共享交换和按需服务应用，对于促进大数据产业发展意义重大。

北斗网格数据底座系统是一个多层级多节点的工程化平台体系，是支撑数字经济发展的新型数据基础设施之一，属于数字化新基建的重要范畴，也是贯彻国家北斗应用战略的重要举措。建议以城市级北斗网格数据底座建设为核心抓手，启动期以自然资源管理、智慧城市建设等领域的数据底座为切入点，加快各地示范应用步伐。

探索智惠化产业创新之路

中国人民大学中国企业创新发展研究中心主任、数字经济产业创新研究院院长　姚建明

近年来，党中央、国务院高度重视数字经济的发展，多次作出重要指示和部署，强调要大力推进互联网、大数据、人工智能和实体经济的深度融合，发展数字经济、共享经济，培育新的经济增长点，形成新动能。也先后出台了网络强国、宽带中国、“互联网 +”、智能制造、促进大数据发展、人工智能、软件等一系列重大战略、规划和举措，并提出了明确要求。

过去 20 年间，特别是近 10 年来，我国的数字经济取得了较大发展，是中国经济增长的重要推动力量。中国信息通信研究院发布的《中国数字经济发展白皮书（2020 年）》报告显示，2019 年，我国数字经济增加值规模达到 35.8 万亿元人民币，占 GDP 比重达到 36.2%，同比提升 1.4 个百分点，按照可比口径计算，2019 年我国数字经济名义增长 15.6%，高于同期 GDP 名义增速约 7.85 个百分点，数字经济在国民经济中的地位进一步凸显。总体上，我国数字经济规模不断扩张、贡献不断增强。

国家互联网信息办公室印发的《数字中国建设发展进程报告（2019 年）》也指出，2019 年我国数字经济保持快速增长，质量效益明显提升，数字经济对 GDP 增长的贡献率达到 67.7%。数字经济

结构持续优化升级，产业数字化增加值占数字经济比重达80.2%，在数字经济发展中的主引擎地位进一步巩固，向高质量发展迈出了新步伐。

近年来，我国数字经济的发展无疑取得了令人瞩目的成效，数字经济已经成为各行各业各主体实现新旧动能转换、推动经济实现高质量发展的重要驱动力量。在各方的共同努力下，数字经济助推了我国经济发展质量变革、效率变革和动力变革，增强了我国经济创新力和竞争力。特别在抗击新冠疫情、恢复生产和生活、解决应急就业、稳定社会秩序等方面，数字经济发挥了不可替代的积极作用，成为推动我国经济社会发展的新引擎和重要的新兴力量。

近年来数字经济在给各行各业各主体的发展带来新机遇的同时，也带来了新挑战。与以往任何一种经济形态相比，基于互联网链接的广度和深度以及数据资源价值的内创性，数字经济不断影响着社会生产、生活的各个领域和方面，持续改变着人们的生产、生活方式甚至生活观念，进而也带来了各行业各主体运行模式、运行生态以及运行体系的重大调整和改观，加速整个社会关系的重塑和调整。在这一过程中，尽管当前人们对数字经济关注较多，但真正认识和理解数字经济本质的还较为有限。特别是，把数字经济转型当成信息化改造和升级的观点和实践还较为普遍。

因此，随着我国数字经济的发展逐渐步入新的历史阶段，如何正确理解数字经济，如何跳出传统的信息化转型思维，更好地将数字经济涵盖的跨界、融合、共享和生态等特征卓有成效地运用于各行各业各主体的转型升级和新旧动能转换，促进社会经济高质量发展的同时实现社会的综合协调与可持续发展，是值得我们认真思考的重要问题，也是数字经济能否持续发展、激活未来潜能的根基。

而不论在地方数字经济发展还是企业数字化转型过程中，不同地区、不同主体（如企业等）在数字经济转型中面临的各种问题（如数字经济基础知识的普及有待进一步完善，数字经济与社会综合协调发展的理念和实践需要进一步普及和落地，数字经济相关基础设施建设的均衡性和充分性有待进一步完善，数字经济与实体经济融合的深度和广度有待进一步拓展，数字化治理模式需要进一步健全，数字产业化、产业数字化以及战略性新兴产业的深度跨界融合和协同创新发展有待进一步增强等）则具有明显的普遍性。

例如：某制造企业在进行自身的数字化转型时，试图全部使用自动化设备替代人工，以实现黑灯工厂，结果导致了大量员工下岗和失业。显然，从数字经济的本质角度讲，这种单纯机器换人的行为并不能够算作成功的数字化转型，因为数字经济的发展不能脱离社会关系的发展而独立运行。自动化设备与员工都是有价值的社会资源，数字经济转型的目的不是用一种资源代替另一种资源，造成这种资源的浪费，而是要更好地利用数字技术和数字经济运行模式实现社会资源的有效利用和共享，给社会综合协调发展创造出更大的价值。

再比如：某知名房地产公司为了进行数字化转型，一方面开发自动化房建设备（房建“机器人”）代替人工；另一方面，试图开发自动化无人餐厨设备设施进行业务拓展。我们尚且不论其自动化房建设备能否实现建筑质量的达标，无人化餐厨烹制的饭菜是否能够给消费者带来满足感、获得感和幸福感，也不论是否真正做到了全流程的“无人”，但就其房建“机器人”和无人化餐厨软、硬件设备设施等技术含量而言，仍然属于较低端的机电技术产品，与真正意义上的数字化技术设备还相距甚远。因此，投入资金资源来重复开发已经成熟的低端技术含量产品，无疑造成了社会资源的浪费。

可以看出，在当前的数字经济发展和数字化转型过程中，由于对数字经济本质理解的观念滞后与实践上的粗放式落地，容易造成社会资源的浪费和利用的不协调现象较为普遍，这显然与数字经济赋能社会综合协调发展的初衷相悖，也可能导致上述一系列问题的出现。

换句话说，发展数字经济的目的是更好地充分协调和利用社会资源，更好地将数字经济涵盖的跨界、融合、共享和生态等特征卓有成效地运用于各行各业各主体的转型升级和新旧动能转换，促进经济高质量发展，促进社会的综合协调和可持续发展，而并不是单纯的个体技术改造或不同资源的简单替换。而要实现这一目的，我们需要用新的思路和理念来看待数字经济。

众所周知，数字经济是用数字技术支撑起来的经济活动。数字技术的成功运行又需要包括数据技术、网络技术和计算技术在内的底层技术进行支撑。

当前我们谈到的数智，也就是数字技术的简称，数智也就是基于数据的智能，其实现的基础也在于数据技术、网络技术和计算技术。

简单地讲，数智是数字技术的逻辑基础，数字技术是数字经济的技术支撑。数据与智能是实现智慧的基础，智慧是数字经济赋能各行各业各主体所期望实现的目的。而从社会综合协调发展的角度讲，智惠的价值则要远远大于智慧。

在这里，我们可以给智惠进行一个界定，即运用数字技术和数字经济模式支撑起来的，以普惠为目的的智慧化经济和社会活动。普惠的对象则是社会中需要得到惠泽的各个主体。可以说，只有从惠泽对象的角度出发来重构社会关系以及对生产力和生产关系进行重新梳理，才能创造出具有更大经济和社会价值的经济活动。显然，这是数字经济发展的最高级形态，因为其已经跳跃出企业单一追逐经济利益的范畴。

可以说，能够在多大程度上惠泽社会，就能够在多大程度上得到社会的尊重，也就能够实现在多大程度上得到社会资源的认可，进而能够在多大程度上整合和利用社会资源。这显然是一个个体与社会相辅相成、相互促进、协调发展的健康循环。

以润泽科技为例，通过挖掘卡车司机的具体痛点和需求，提出工惠驿家的模式，在工会驿家的基础上，通过校企双方联合研讨，拓展了惠工模式，打造出惠工、惠农、惠民在内的智惠产业创新城模式，使惠泽的社会对象进一步得到了拓展，形成了一大主题特色；而润泽提出的新仓购模式则打破了传统与有历史、有品质、有潜力产品供需之间的屏障，基于新仓购数字化平台各方社会资源（如政、产、学、研、企、社、民、媒等）进行有效整合与共享，实现惠企与惠民的有效衔接与跨界融合，打造出了智惠产业创新城的另一主题特色。

目前，数字经济发展的美好画卷已经展开，我们期待看到，在不远的将来，随着我国新基建的进一步发展，“万物互联”的进一步实现，数字经济与社会综合协调发展相融合的广度和深度进一步增强，各个地区，各行各业，千家万户，每个个体都能享受到数字经济高速发展带来的获得感、满足感和幸福感。同时，国家的综合竞争力和社会的综合协调发展水平也会得到巨大的飞跃。

数据中心再次被赋予重要使命

中国通信企业协会云数据专委会副主任、国富瑞数据系统有限公司总裁　张念录

2020 年是全面建成小康社会和“十三五”规划收官之年，经济发展面临重要节点，但是疫情以及贸易战对我国经济发展造成了较大影响。为了稳定 2020 年经济增长，快速恢复就业、促进民生发展，作为新型基础设施建设的数据中心投资，在拉动经济增长的三驾马车中具备投资大、产业带动强、符合智慧城市、民生工程和数字经济发展等特点，必将成为各级地方政府的重要抓手。目前，已有 25 个省区市的政府工作报告提及新型基建，其中 21 个地区表示推动 5G 建设与布局等相关工作，数据中心将迎来迅猛发展的高潮。

数据中心作为支撑大数据、云计算、互联网、人工智能等产业的重要基础设施，发展前景良好。从行业发展的角度来说，我们还需要做好以下工作：

第一，做好顶层规划，适度超前建设。当前我国数据中心资源，尤其是大型数据中心资源与美国、欧洲、日本等国相比仍存在差距，难以满足我国数字经济的快速发展。我国每一个城市、区县都应该建设与其资源相匹配的数据中心，来支撑当地智慧城市、民生工程、智能制造等产业的发展，就像建设一个城市的供水、供电、综合管廊一样，适度超前的建设城市的大数据基础设施，为子孙后代留下宝贵的数字资产。

第二，统筹区域布局，避免盲目建设。我国数据中心大多布局在中东部经济发达的地区，近几年中西部地区也在大力建设数据中心，弥补大数据基础设施的短板。在数据中心规划布局时，需要统筹规划、全国一盘棋，既要考虑中西部数据中心资源的空缺，也要避免在某些地区的过度集中、盲目建设，在满足需求的同时，兼顾能源、环保、民生、经济发展等多重因素。

第三，加强网络资源配置，实现互联互通。数据中心的活力来自网络，在数据中心部署的大数据、云计算、互联网、人工智能均需要大带宽、低延时的网络资源的支持。随着 5G 技术的发展，网络资源将进一步得到优化和普及，数据的共享开放也为数据中心互联互通创造了条件和现实需求。只有实现了数据中心之间的互联互通，才能避免信息孤岛，真正实现数据的共享开放。

第四，强化绿色节能监管，确保可持续发展。在当前国家提倡绿色环保的背景下，数据中心在建设和运营中必须充分采用绿色节能的技术和设备，降低 PUE、WUE。在数据中心精细化管理中，广泛使用云计算、云存储技术，对大数据进行分类、分级管理，利用低能耗的蓝光存储技术保存海量数据，大幅降低 PUE，节约存储成本，为数字经济可持续发展奠定良好基础。

让智慧村医成为健康扶贫的特种兵

万源企业董事长、智慧村医系统创始人　张晓崧

“智慧村医”健康扶贫工程如何从主要服务“阳春白雪”，变成主要服务“下里巴人”，为什么智慧村医健康扶贫工程越做越起劲？下面结合“智慧村医”工程谈几个问题。

一、关于健康扶贫的特种兵

所谓“智慧村医”，就是充分利用互联网 + 移动网 + 物联网 + 人工智能等智慧化、信息化手段，为村民提供全链条全方位健康医疗服务的村医。

我认为，智慧村医是脱贫攻坚健康扶贫中的特种兵，要打赢脱贫攻坚战，开展健康扶贫，就必须充分发挥智慧村医的特种兵作用。

在我们打造的智慧村医工程大数据体验馆，点击“智慧村医”健康扶贫工程的多层级分布地图，从地市看到县区，从县区看到乡镇，从乡镇看到村医平台，再从村医平台看到每个村民的个人健康系统，非常方便和全面，一目了然。尤其是打开各个“智慧村医”平台的移动视频屋，看到村医服务村民的场景，都会让人有一种参与现代化战争，指挥特种兵作战的成就感。

我们无法做到在每一个农村附近建立一所现代化的实体医院，但

可以通过“智慧村医”工程为每个农村医务室打造一个智慧化的网络医院，为村民提供全方位的健康服务，包括远程医疗，直接把县、市、省甚至北京等大城市的一流医疗资源下沉到最偏远的农村。

在健康扶贫中，村医处于健康扶贫的最底层和最前线。如果我们能把普通村医培养成为智慧村医，就相当于在脱贫攻坚战的腹地投入了一支特种部队。

二、有关贫困地区健康扶贫和信息化建设的发展思路

目前，各地都非常重视新经济的发展和新旧动能的转换。那么，贫困地区的招商引资和振兴发展，也面临着一个重要选择：是直接引进发达地区高度重视的新经济、新动能、新模式，还是去承接发达地区正在淘汰的旧经济、旧动能、旧模式？答案显然是前者。

同样，农村医疗健康的信息化建设，是直接对标北京等发达城市的领先全国，甚至领先国际的技术手段和应用平台，还是降低一两个台阶，走别人几年前曾经走过的、已经开始被淘汰的老路？

纵观国内外企事业单位信息化建设的发展历程，大体可分为七个阶段：①硬件为主的阶段，电脑主要当打字机和计算器使用；②“硬件＋软件”的阶段，以各种基于客户端的独立应用软件为主导；③“软件＋网络”的阶段，各种基于局域网、专网和互联网的多机版软件纷纷出现；④“平台＋”网络的阶段，以基于互联网、移动互联网的流程化信息应用平台为主导；⑤“平台＋物联应用”的阶段，平台可以对接各种物联网的应用设备；⑥“平台＋人工智能”的阶段；⑦“平台＋自由创意”的阶段，信息应用平台可为使用者提供前所未有的自由度，满足从流程化沟通到非流程化沟通，从当前显需求到未来潜需求，从移动网到物联网的全方位信息化需求，平台使用者可自主进行很多创造性的应用。

那么，抚州的“智慧村医”工程处于什么应用阶段？应该说已进入到第⑤⑥⑦联合应用的阶段，这也是目前全国农村医疗健康信息化应用中比较领先的阶段。而目前全国绝大多数农村医疗健康信息化的各种应用，例如公卫系统、HIS 系统、远程医疗系统、家庭医生签约系统、一体机系统等，基本上还停留在第②③④阶段的水平上，少数系统局部进入到第⑤阶段的水平上。

三、抚州模式的两大优势

抚州模式的第一个优势是技术优势，它的平台逻辑架构非常创新，完全打破了各种信息孤岛，便于整合各种信息资源和信息系统，方便村民、村医和政府。抚州工程平台采用了大量的物联网应用，也涉及了许多人工智能应用，同时也实现了平台 + 自由创意。

抚州模式的第二个优势是成本优势，它可以大大减少政府的资金投入。由于“智慧村医”大数据平台的开发运维存储升级等大量投入都是由企业方承担，包括家庭健康关爱系统、健康扶贫捐赠跟踪系统、村医绩效考核管理系统等开发运维升级投入也都是由企业方承担，抚州工程与目前大多数医疗健康信息化软件交钥匙工程相比，大约可以节省政府投入三到五倍成本。在脱贫攻坚健康扶贫中，用于开展“智慧村医”工程的投入，包括企业社会投入和政府配套投入，要远远低于采用人海战术的传统打法和建立村民公卫档案的投入，而收获的好处显著丰富。

区块链技术在教育领域应用研究

河北省廊坊市人民政府总督学 教育局局长　许红伟

区块链凭借其去中心化、安全性、可靠性与数据完整性等特征，近年来受到广泛关注。在联合国、欧盟等国际组织的引领和推动下，多个国家发表了区块链方面的系列政策文件，深入探索区块链技术及应用。

区块链技术正在为当下各行各业带来颠覆性的变革，其应用已从初始的金融领域逐渐扩延到其他领域，包括物联网和物流领域，公共管理、能源、交通等领域，数字版权领域、保险领域、公益领域等，教育就是其中之一。

一、区块链技术在教育领域应用具有重要价值

严格来讲，区块链是 2015 年才被正式提出的。区块链 1.0 时代首先起到搅动金融市场的作用。其理念是在区块链系统中以区块为单位进行存储，通过共识机制 PoW（工作量证明）抉择优先出块的参与者，用梅克尔树校验，而去中心化的分布式账本机制使期间任一参与者节点的损坏或者失去都会不影响整个系统的运作，具有极好的建设性。其加密算法的密码学特性在当时对银行和金融机构造成了不小的影响和威胁。

区块链 2.0 以智能合约为主，不需要第三方，自动执行交易，一旦启动则不可篡改。当人们意识到区块链 1.0 时代的底层区块链技术

天生可以为智能合约提供可信的执行环境，有极强的可应用性，进而开启了更广泛的场景应用和优化。

2016 年 9 月，世界经合组织科技政策委员会提交的《2016 科技创新展望报告》提出未来十大科技趋势，其中就包括物联网、大数据分析、人工智能、区块链、纳米材料等。这些新兴关键技术具备推动生产力进步的巨大潜力。同年 10 月，工业和信息化部颁布的《中国区块链技术和应用发展白皮书（2016 年）》中明确指出："区块链系统的透明化、数据不可篡改等特征，完全适用于学生征信管理、升学就业、学术、资质证明、产学合作等方面，对教育就业的健康发展具有重要价值。"

2017 年，欧盟委员会联合研究中心发布了题为《教育界的区块链》的科技政策报告。这份报告介绍了区块链的基本原则，重点强调了其在教育领域的潜力。它解释了这种技术是如何既打破了制度规范，又赋予了学习者权利。报告认为区块链技术有潜力打破机构的陈词滥调，提高效率、削减成本、提高记录的真实度和安全性。区块链将对任何涉及所有权记录的活动产生深远的影响。在教育领域，可能被区块链技术颠覆的活动包括资格授予、许可和认证、学生记录管理、知识产权管理、支付等。

二、区块链技术在教育领域的应用场景介绍

教育部在 2018 年印发的《教育信息化 2.0 行动计划》中提出要积极推进"互联网 + 教育"，坚持信息技术与教育教学深度融合的核心理念，坚持应用驱动和机制创新的基本方针，建立健全教育信息化可持续发展机制，构建网络化、数字化、智能化、个性化、终身化的教育体系。习近平总书记在中央政治局第十八次集体学习时强调要抓住区块链技术融合、功能拓展、产业细分的契机，积极推动区块链技术在教育、就业、养老、医疗健康等领域的应用。中共中央、国务

院 2019 年印发的《中国教育现代化 2035》中八大基本理念和十大战略任务都体现了要加快信息化时代教育变革，推进教育治理体系和治理能力现代化等中心思想。信息技术作为一种颠覆性力量，目前已经在教育领域得到了广泛应用，而区块链技术的出现，更是为推动教育技术化向教育智能化迈进创造了良好机遇，在这一基础之上，应将区块链深度融入至教育场景中，探索对教育数据价值的挖掘分析和再利用，通过加强教育数字经济的发展，推动我国信息化时代教育变革。目前，“区块链 + 教育”主要的应用场景包含以下三大应用场景，分别是学信数据与学分认证、教育公信评价以及资源共建共享。

第一个应用场景是学信数据与学分认证。不得不说，目前学信认证还存在诸多不足，主要存在学信数据不完整、数据维度不全面、缺乏验证手段等问题，除此之外，学信大数据的过程性和复杂性也使得以上问题更加突出，这很大程度上限制了区块链 + 教育应用落地的发展进程，但目前建立完善的学信数据体系以及学分认证体系成为学习型社会的必然要求，因此为了更好地达成《教育规划纲要》中构建体系完备的终身教育战略目标，未来将构建全国教育联盟链，增强数据联通性，建立服务终身学习的学信档案，实现在教育机构、学信档案库、查询机构及学生之间完备的学分认证体系和学信数据体系。

第二个应用场景是教育公信评价。中央深改委审议通过的《深化新时代教育评价改革总体方案》中提出教育评价事关教育发展方向，要全面贯彻党的教育方针，坚持社会主义办学方向。可以看出其在教育现代化中的重要性，但目前针对教育公信评价，同样存在诸多不足，例如学生评价只流于形式、缺失教师专业发展评价，学校 / 区域评价社会化程度不足等，因此为了建立科学的、符合时代要求的教育评价制度和机制，需要基于可信数据构建公信教育评价，在义务教育优质均衡的教育督导下，由区 / 县 / 校的师生及机构、社区和家长共同完成教育评价，并在数据上链、可信服务管理、教育数据监测下最终形成个人的可信档案。针对前面提到的学生评价和教师评价的不足，还将进一步完成可信档案的重塑，对教师和学生发展进行综合评估，将信息化系统、教育大数据监测与教育公信评价深度融合，以此完善监测体系。

第三个应用场景是教育资源共建共享。这一场景同样也存在着困境，版权保护、客观的资源管理评价以及正向激励的缺乏，都使得这一应用场景面临着严峻的考验。为了解决以上困难，我们设想了一套优质教育数字资源公共服务体系，其中教育资源库储存各类教学、课程、图书资源，资源确权管理后台则负责管理教育数字资源，并对其进行评价、完成版权确权等任务后，最终以在线课堂、网络课程等形式呈现在资源服务门户平台。

三、区块链技术在教育领域应用案例——全国首个教育区块链大数据监测平台

河北省廊坊市在智慧教育建设进程中，始终以“区域性教育信息化中心”为抓手，从提升基础应用环境到大数据区块链应用于创新教育，再到优化数字教育，乃至智慧教育信息管理平台建设等方面持续开展实践探索。2018 年 10 月，在廊坊建立了国内首个大数据教育区块链试验区，2019 年 11 月建成廊坊市教育数据监测平台，为可信数据驱动下的智慧教育建设与推广提供了先行示范。

廊坊市教育数据监测平台持续推动区块链等信息技术和教育的深度融合，促进信息技术和智能技术深度融入至教育全过程。创建了市、区、校教育大数据协同应用联盟，并同时提出了一套市区校三级综合应用解决方案。解决方案从数据层面来说分为了数据应用层、数据整合层以及数据展现层三个层面。数据应用层包含了一系列的管理系统，通过这些系统采集上来的数据经过清洗之后会被储存到各个数据库中，同样管理系统也可以调用数据库当中的数据信息，而数据库

的信息会与区块链认证中心对接，完成重要数据的上链处理。通过数据认证、数据分析以及可视化后，呈现在各个平台上，数据信息就可以非常直观地展现给市、区县、学校管理者及家长和学生。解决方案同样也有一套完善的管理流程，首先由学校将教学、学习等一系列数据汇总到学校数据中心，再上报到区县教育数据中心，区县教育数据中心会集中管理学校用户，统一将数据再上报至廊坊市教育局教育数据中心。不仅如此，在学校、区县、廊坊市教育局数据中心之间都建立了数据交换平台，保证各个中心之间数据的沟通性。

廊坊市教育数据监测平台现阶段已经完成的一系列建设内容：基于总体建设原则以及建设思路，初步构建了教育大数据区块链平台，平台包括了区块链底层平台、教育数据大仓库、管理应用、业务系统几大重要部分，其中管理应用负责管理数据，通过数据总线将数据读出并加以分析，支持教育决策，业务系统负责生产数据，这些数据通过数据总线汇总保存至教育数据大仓库中，仓库与教育区块链对接，将业务系统产生的如学生数据、学校数据、教育机构数据等重要数据进行“可信化上链”，保证数据的可信度。

基于《县域义务教育优质均衡发展督导评估办法》，构建了一套完整的义务教育优质均衡监测系统，系统可以通过数据总线从教育数据大仓库中获取数据，并对其进行分析与可视化，可为市、县教育系统提供更为直观的证据、预测与预警服务。除此之外，系统还可以对义务教育优质均衡进行督导评估，数据填报上来之后，通过区块链平台对数据进行上链以及确权，保证数据的可溯源性和防篡改性，对数据进行分析后，会根据相关优质均衡文件，将其转化为一系列指标，将各个区县的优质均衡达标情况与不达标的具体学校与原因，直观地展示在数据大屏上，从而进一步支持教育决策。

基于《教育部关于推进中小学教育质量综合评价改革的意见》，研发出了一套学生综合素质评价系统与学生综合素质可视化大屏，其中学生综合素质评价系统与教育数据大仓库对接，将数据推送至仓库，再由学生综合素质可视化大屏读取教育数据仓库内的信息进行数据的可视化，精准刻画学生数据画像，不仅如此，系统会跟踪记录学生从小学、初中、高中的综合素质信息，最终输出涵盖各个学段的综合素质档案，同时通过对数据信息的上链处理，也保证了成长报告数据的防篡改性，从而完成综合素质档案的可信认证。

为了进一步探索“区块链 + 大数据”支撑下适应廊坊市经济社会和教育发展实际需要的教与学模式，推进信息技术与教育教学的深度融合，保证信息化建设的可持续性发展，后续还将持续优化平台应用，分期完成后续建设任务。目前已经在廊坊市以及各区县建立了节点，未来还将努力增加更多节点，以此构建教育联盟链，健壮区块链网络，增强数据联通性。提供更多区块链基础服务，构建教育资源共建共享体系和教育数字身份系统，深入地应用到教学教研场景中，实现区块链教育的应用治理。与其他区域实现对接，为教育第三方提供可自主开发部署的区块链服务，为其他领域提供更丰富的教育信息支撑，实现平台真正的开放共享。

四、区块链技术在教育领域应用的未来展望

首先，我们还是需要正视目前影响“区块链 + 教育”发展的问题，例如：“区块链 + 教育”相关技术规范与应用标准不完善，区域教育部门对于区块链的应用认识、价值理解不到位，缺乏成熟应用范式及长期应用成果输出，需要专家智库引领和多地协同建设，来扩大联盟链。我们希望通过进一步的努力，逐个击破发展中出现的问题，以期实现区块链技术在教育领域更广泛的应用。

其次，我认为“区块链 + 教育”是大有可为的，目前廊坊市教育数据监测平台项目已取得初步成果，未来三年会初具规模，形成具有生产力的教育数字经济体系，构建开放教育新生态，保证信息化建设

的可持续性发展。

区块链技术在教育领域应用具有深远的价值，教育从业者要从现在起进行布局建设，以优质教育资源均衡为中心，探索“区块链 + 大数据”支撑下适应经济社会和教育发展实际需要的教与学模式，推进信息技术与教育教学的深度融合，变革教与学方式，提高教育教学质量，进一步提升基础教育信息化公共服务能力全面提升教育信息化发展水平，加快教育现代化进程。

大数据赋能大物流

工惠驿家执行总裁 钟军

2020 年 3 月 4 日，中共中央政治局常务委员会召开会议，强调要加大公共卫生服务、应急物资保障领域投入，加快 5G 网络、数据中心等新型基础设施建设进度，这为关键时期的中国经济发展指明了方向。传统数据中心在这样的“新基建”背景下形成了如下特点：

（1）新范式。新型数智化数据中心，将数字、智能、智慧融为一体，通过“数智人才 + 数智存储 + 数智管理 + 数智安全 + 高品质机房”等具体模块，形成科学完善的新型数据中心新范式。

（2）新基础。大数据是国家基础性战略资源和社会生产要素，数据中心作为数字经济时代的新型城市的数智基础设施，通过数智化平台和数据资源，为社会决策者和公众提供大数据应用服务，赋能城市社会治理，探索人工智能创新发展新模式，全面系统地支撑数智城市运营及产业发展，构建数智孪生城市。

（3）新体系。对外，新型城市数据中心可以成为连接世界的功能节点，展示城市形象特色，融入全球经济和社会体系；对内，新型数据中心是利用数智化、区块链技术构建新型社会信用体系的重要支撑节点，有利于打造社会诚信链条，降低社会运作成本。

（4）新产业。新型数据中心将创造全新的应用场景和商业模式，加速新旧传统产业融合，形成全新的数智产业体系。

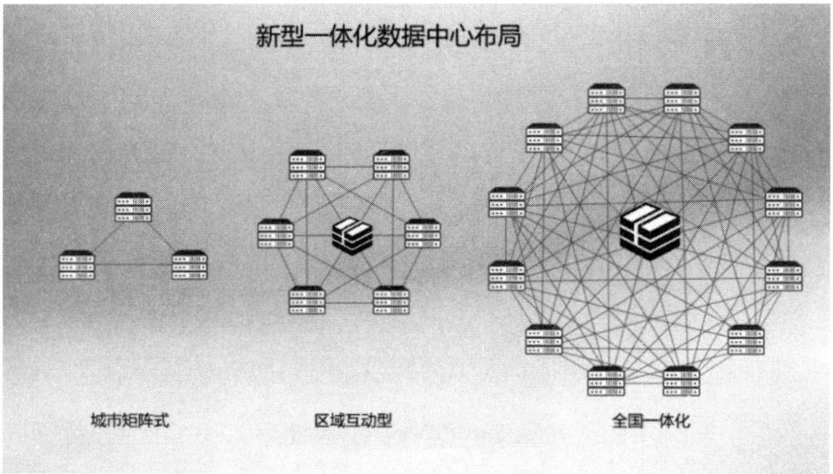

智能、高速、安全、稳定的新型数智网络体系，是数字经济时代新型数据中心和数据传输网络融合的必然形态。新型数智网络体系，需要形成“新型数据中心节点 + 高速数据网络传输”的点、线、面一体化格局。

依据“梅特卡夫定律”，合理布局、科学构建由“核心层、汇聚层、接入层”三层组成的架构体系。在一线城市构建由“大型数据中心 + 超级计算中心 + 多云服务平台应用管理中心”组成的核心层；二线城市将布局形成“中型数据中心 + 高通量计算中心 + 云服务中心”的汇聚层；在三线城市建成“分布式存储 + 边缘计算 + 大数据应用即时服务中心”的接入层。

1. 物联网标识技术应用

随着 5G 低功耗网络的大规模部署建设，物联网产业进入快速爆发期，作为支撑物联网应用的底层基础设施，物联网标识得到了来自世界各国政府、研究人员及高新技术企业的重大关注。

通过发放物联网唯一标识，可以消除大量异构标识体系导致的信息孤岛，实现物联网应用的互联互通，实质性推动物联网技术在食品溯源、智慧农业、智慧城市管理、智能制造、智慧物流、智慧交通、智慧家居等多个领域的应用，带动创新产业集群。

物联网标识产业的发展，以促进物联网规模化应用为主线，以创新为核心驱动力，以产业链开放协作为重点。同时，随着物联网标识产业的发展，反过来会推动支撑物联网应用的服务平台和数据共享服务平台建设，推进物联网新型基础设施建设。

物联网标识技术的发展，为物流行业的智慧化打下了坚实的基础。

2. 智慧物流快速发展

数据作为一种新的资源，数据的拥有者将来会获得越来越大的话语权，整个社会的治理结构与规则将会发生非常深刻的变化，这是每个人都会面临的社会变迁。智慧物流是物流的发展目标，而大数据能够支撑智慧物流的发展，物流行业和企业要利用好大数据，才能够真正从变革中受益。

首先，要做好数据整合，这是大数据的关键。数据整合一定要建立在有价值的服务之上。很多数据整合或者叫第三方云平台能否建成的主要障碍，是利益关系能否协调好，否则来自各个利益主体的信息很难被整合在一起。

其次，如何让获得的数据得到充分利用，是大数据的另一大关键问题。对此要关注两个方面。一是数据的数量、质量并重。在大数据时代，数据的质量不再是绝对的第一位，因为现在数据量非常大，能够通过人工智能等技术，解决质量上的缺陷。所以在大数据时代，数据量越大，价值越大。二是数据相关性优于数据逻辑性或因果性。在大数据时代，数据的很多因果性事先无法获知，但是通过数据处理获得的相关性结果，能够得知里面可能有什么样的因果关系。因此，在大数据时代，因果关系不是主要的。因为数据处理的及时性，只需要知道这件事与那件事之间有什么关系，可以把结果做成一个黑匣子，知道输入什么会输出什么就够用了。

第三，要抓住物流的基本问题。大数据时代的智慧物流有许多新的发展，但是始终还是会围绕网络和流程这两个物流的基本问题发展的。智慧网络将提升资源管控和利用率水平，而智慧流程将提升管理精细化与协同水平。一个是对资源的管控，一个是对作业流程（服务流程）的优化，这两件事是物流的基本问题与核心。

3. 驱动电商物流变革

作为当今物流业的发展热点，电商物流得到了很多关注。与大数据的结合是电商物流发展的必然趋势。大数据时代的来临，不是技术的变革，首当其冲是思维的变革，随之而来的将是商业模式的改变。通过互联网技术和商业模式的改变，可以实现从生产者直接到顾客的供应渠道的改变。这样的改变，从时间和空间两个维度都为物流业创造新价值奠定了很好的基础。而未来，电商物流企业在大数据时代如何更好地发展？需要特别关注以下两个方面的建设：

一是物流仓储平台建设。物流仓储平台对物流成本的影响至关重要，在全国如何布局是很关键的问题。通过运用大数据，电商物流中心将得到大幅优化，仓储运输的空间将被系统化布置，在此，我们还需特别关注冷链和航空货运这两个点。

二是物流信息平台建设。物流信息平台将是基于大数据的中转中心或调度中心、结算中心。平台会根据以往的物流公司的表现、各个分段的报价、即时运力资源情况、该流向的即时件量等信息，进行相关的“大数据”分析，得到优化线路选项，并对第三方物流公司进行优化组合配置。今年，网络承运人行业也已正式开启。

作为物流业的重要组成部分，大数据对于公路运输市场来说，在运力整合方面未来也将会发生诸多变化。

物流运输企业的运力基本上都是由三个部分组成：自有车辆、签约承运商、业务量大时临时租车。过去我们是以合约的模式，内部管理或考核在线下组织车辆和运力来完成我们的业务；未来在大数据时代，将走向平台，走向社会，面向社会整合运力，而整合的内容主要包括时间、空间、管理和服务。

大数据时代的运力生态圈将是一个平台，但又不只是一个平台，而是由很多个平台组成的一个系统、一个生态体系，处于生态圈中心的是社会运力池，而在运力池周围的是"货主圈"。有很多大中型物流企业拥有私有平台，企业利用自己所掌握的货源控制了大量的运力，并利用私有平台对这些运力进行整合。如果把这些私有平台与运力池进行对接，就会产生一种新的平台——运力整合平台。

智惠新仓购是创新的商业理念和商业模式，是大数据在商贸领域的创新应用。线下，智惠新仓购廊坊旗舰店将打造成全新的商贸体验中心；线上，将搭建便捷、多通道的电子商务平台。新仓购将形成线上线下融合推广的新渠道新平台，探索数字经济下的企业品牌建设的新手段新途径，助力各地一二三产业积极融入"以国内大循环为主体、国内国际双循环相互促进的新发展格局"。

智惠新仓购坚持"智"字引领。综合利用大数据、物联网、云计算、人工智能、区块链等数字技术，着力探索场景体验、线上下单、产地发货的数字化流通方式，着力搭建仓播带货、AR导购、创意设计等沉浸式购物环境。

智惠新仓购坚持"惠"字为本。秉持"一件也是批发价"的经营理念，借助数字化技术和解决方案，重点组织名优特产品，面向京津雄、成渝都市圈等区域中心市场，开展线上线下相融合的批零业务。通过严把质检关，为消费者甄选出质优价廉、安全可靠的产品，扩大名牌产品消费量，带动消费升级；为企业提供高效的数智贸易平台，助力产业数字化、数字化产业，从而实现"惠民""惠企"的双重目标。

"新仓购"模式依托大数据技术，打通生产、分配、流通、消费等各个环节，实现人流、物流、信息流、资金流等要素的自由循环，降低外向依赖，挖掘国内需求，助力畅通国内经济大循环，服务国内国际双循环。

加快建设“五位一体”信用科技协同创新综合体

北京数知科技股份有限公司副总裁 田京海

信用科技产业是以信用大数据、物联网、区块链和人工智能等前沿技术为基础发展起来的一种新兴信用服务业，其核心功能是赋能社会信用体系建设，提高信用服务效率，降低交易成本，防范信用风险，在政务诚信、商务诚信、社会诚信、司法公信建设领域发挥着重要作用，对于优化营商环境，发展数字经济，推动国家治理体系和治理能力现代化具有重要意义。

北京作为全国信用建设的高地，以前瞻的信用建设思想，良好的区位优势和国内顶尖的行业发展基础，聚集了全国 1/2 以上的优质机构、技术、人才和生态资源，使北京成为最具有全国优势的服贸行业。近一年来，北京市经济和信息化局先后批准北京数知信用管理有限公司主导组建北京信用科技产业创新中心、信用产业园和信用数据专区，实施信用科技协同创新发展战略，建设信用科技“数据专区 + 创新中心 + 孵化器 + 产业园 + 创新基金”五位一体的综合体，对于北京建设高端产业集聚、金融服务完善、监管安全高效、辐射带动作用突出的高标准高质量自由贸易园区能够发挥重要促进作用。

一、“五位一体”信用科技协同创新综合体的战略意义

“五位一体”信用科技协同创新综合体旨在解决目前信用科技产业资源要素分散、产业化程度低、行业标准基础薄弱、产品技术研发滞后、企业“造血功能”缺乏等影响行业规模化高质量发展的突出难点和共性问题，致力于实现数据信用化、信用产业化和产业规范化，以信用大数据安全共享为基础，通过信用科技产业标准、应用技术、产品与服务的创新研发，全面支持信用科技产业：（1）标准研发创新；（2）应用技术创新；（3）产品与服务创新；（4）成果推广创新；（5）运营模式创新；（6）组织体系创新，培育一批信用科技龙头企业，辐射带动首都和中国信用科技产业规模化高质量发展。

（一）“五位一体”协同创新综合体是信用科技产业创新资源的聚宝盆

“五位一体”信用科技产业协同创新综合体紧密围绕政策、数据、人才、市场、资金五大信用科技产业发展的核心要素，充分发挥信用科技产业在现代信用服务业发展过程中的资源集聚优势，以大数据技术为引领、以数据专区为依托，以培育、孵化头部和有特色的中小信用服务机构为重点，以信用产业发展基金为支撑、产业联盟为纽带、创新支持政策为保障，构建产、学、研、用、资一体化融合发展体系，吸引和集聚国内外信用服务企业，以及信用相关技术与服务支撑单位，打通信用服务产业链上下游，构建“数据－人才－技术－产品－应用－政策”的信用服务业发展全要素生态环境。

（二）“五位一体”协同创新综合体是信用科技产业技术创新的推进器

信用科技“五位一体”协同创新综合体将聚焦大数据、人工智

能、物联网、区块链技术在信用领域的产业化运用，瞄准世界信用科技和信用产业发展最新成果，寻求突破一批制约行业发展的瓶颈和关键技术，重点突破信用技术标准、信用产品研发、信用模型设计等关键技术，搭建信用底层技术平台，推广一批驱动行业创新发展的新型通用技术，研发一批核心技术和产业标准，开放共享一批行业公共资源，为信用科技产业实现新技术、新产品、新模式、新业态的“四新”发展提供成熟可靠的技术支持和服务保障。

（三）信用科技“五位一体”协同创新综合体是优化营商环境，构建以信用为基础的新型监管机制的试验田

在改革开放进入深水区后，优化营商环境是新一轮改革开放的重要目标。2020 年 1 月 1 日起正式实施的《优化营商环境条例》第十九条规定：“国家持续深化商事制度改革，统一企业登记业务规范，统一数据标准和平台服务接口，采用统一社会信用代码进行登记管理。”通过实行告知承诺、优化审批服务等方式，对所有涉企经营许可事项进行分类管理，为企业取得营业执照后开展相关经营活动提供便利。在“五位一体”协同创新综合体内，“对标一流”营商环境，通过信用科技赋能审批服务“马上办、网上办、就近办、一次办”，推动审批服务扁平化、简易化、智能化；赋能以信用为基础的新型监管机制，按照依法依规、改革创新、协同共治的基本原则，以加强信用监管为着力点，创新监管理念、监管制度和监管方式，建立健全贯穿市场主体全生命周期，衔接事前、事中、事后全监管环节的新型监管机制，实现政务信息联通和数据共享，强化事中事后法律监管和信用监管，对营商环境涉及影响企业活动的主要社会要素、经济要素、政治要素和政策法律要素实施动态大数据监测。客观反映行业和区域政务服务便利性、行政审批高效性、投资便利性、金融服务完善程度以及知识产权保护、劳动者权利保护等方面环境状况，以结果为导向，建立科学的监测指标和综合评价体系，开展评估评价和量化监测。

（四）信用科技“五位一体”协同创新综合体是助推数字经济发展的重要引擎

信用科技产业属于高端服务业，是现代信用经济的基础，广泛涉及经济和社会生活的方方面面，核心业态包括信用大数据信息采集、数据处理、分析评估、信用报告、跟踪监测等。在信用经济时代，围绕数量超大、来源分散、格式多样信用数据的采集、存储、建模分析和跟踪监测，以及相关信用产品与服务的研发，已快速发展成一种将信息技术、信用产品和现代服务业融为一体的数字经济产业集群，主要联动产业为金融业和信息产业等，与政务管理、电子商务、金融、政务服务和社会服务业联系紧密，产品与服务形式最终表现为信用报告、信用咨询和运维服务等。

信用科技“五位一体”协同创新综合体以信用科技研发和产品与服务为基础，以信用评级、企业征信、个人征信、供应链金融、互联网金融、其他新金融业态及延伸金融服务等传统和新兴信用服务产业为重点，用信用科技“赋能”社会信用体系建设和信用经济发展，能够培育以信用科技为核心的产业生态环境和产业集群，特别是在信用信息的安全与保密，大数据信用评估、监测预警，以信用为基础的分级分类监管、信用联合奖惩、信用修复、公共信用信息服务等领域和“信易 +”等产业化运用场景，形成以信用科技为中心和纽带的数字经济产业闭环。

（五）信用科技 “五位一体”协同创新综合体是推动社会治理体系和治理能力现代化的试验场

随着信用科技的发展，信用信息服务的网络化和个性化成为实现信用关系社会化的主要途径。信用科技“五位一体”协同创新综合体在建立健全运用互联网、大数据、人工智能等技术手段进行行政管理的制度规则，推进数字政府建设，加强数据有序共享，依法保护个人信息等方面，与制度创新实践相结合，通过先行先试，综合赋能社会治理体系和治理能力现代化建设，探索“信用大数据 +”的发展路径，深化信用大数据在社会治理、经济发展、重点领域、重点行业的应用，构建基于信用大数据的战略体系，充分释放信用大数据的经济和社会价值，加速信用科技赋能城市管理、社会治理、高精尖产业发展等重点领域的信用体系建设，特别是在食品药品、安全生产、生态环保、互联网金融、教育等与民生紧密相关领域形成深化应用。信用科技“五位一体”协同创新综合体还可以在京津冀协同发展、创新社会治理模式进行先行先试，在利用“信用科技”治理“大城市病”、社区管理、优化营商环境等方面进行综合试点。

二、“五位一体”信用科技协同创新综合体的核心组成部分

在中国经济进入到注重高质量发展的新阶段以后，一些改革开放领先城市普遍存在转型发展、高起点建设信用体系新型基础设施的需要。“五位一体”信用科技协同创新发展战略就是为了适应新时期社会信用体系建设对信用环境的特殊需要和经济社会高质量可持续发展而设计的，致力于优化营商环境和产业信用环境的改善，适应国家治理体系与治理能力现代化建设的需要，前景广阔，主要包括以下几方面的建设重点。

（一）信用数据专区

“信用数据专区”以推动政务信用数据、市场信用数据融合共享和开发应用为主要目的，满足各类信用服务机构对信用数据交叉比

对、挖掘分析、回归分析、模型验证等信息共享合作需求，需要搭建内外网隔离应用的网络空间，分离数据所有权与使用权，是一个政府信用大数据社会化精准释放与融合应用的“数据特区”，可以实现信用数据的脱敏化处理、指标化输出和合规性应用，可以为信用科技核心技术的研发、信用产品开发、信用服务拓展应用提供有力支撑，吸引信用服务头部企业入驻信用产业园，形成推动新社会信用体系建设市场化发展的核心驱动力。“信用数据专区”建设业务主要涉及信用数据管控平台、IDC 机房和信用数据产业化发展“监管沙盒”三部分。

（二）信用科技产业创新中心

旨在联合信用科技领域的相关行业协会、产业园区、高校和科研院所、信用科技龙头和平台型企业，发起成立“信用科技产业创新联盟”，建立产学研用联合人才培养机制，培育高水平领军人才与创新团队，带领行业合作创新，共同发展。依托与政府部门合作建立的信用“数据特区”，打造“信用数码港”等发展现代信用经济的新型基础设施；开展制度创新，打通信用大数据流通环节，实现信用大数据安全共享，为信用科技产业发展奠定大数据生态环境。通过打造开放式的“信用科技产业创新公共服务平台”，全面支持信用科技产业标准创新、应用技术创新、产品与服务创新，形成基于大数据、人工智能、物联网、区块链等前沿技术领域的信用科技产业标准体系、技术体系、产品与服务体系，全面推动信用科技在政务诚信、商务诚信、社会诚信和司法公信等 4 个建设领域的产业化运用，用信用科技“赋能”信用体系建设和信用经济，培育以信用科技为核心的产业生态环境和产业集群，形成一批龙头企业，打造全球信用科技产业高地。

（三）信用科技产业园

信用科技产业园将充分发挥“数据特区”良好的信用大数据产业化发展环境和特殊政策，以及“信用科技产业创新中心”在信用服务产业标准、信用科技前沿技术研发、信用产品与服务的创新成果，通过建立信用服务虚拟产业园、信用企业集中承载区，形成聚集效应，吸引和集聚国内外信用服务、信用数据技术应用、信用产品研发等产业链上下游高端资源，推动信用科技产业和信用服务业高质量发展，为园区机构的全面发展提供信用环境和强有力的信用支持。

信用产业园是“数据特区”“信用科技产业创新中心”和“产业孵化区”的空间聚合体和产业聚集区，在“五位一体”的信用生态环境体系中，它们各自既有自己独特的功能，同时又是相辅相成的。信用产业园除了与“数据特区”“信用科技产业创新中心”和“产业孵化区”相互依托外，主要涉及四大功能区的建设：（1）虚拟信用产业园区；（2）信用服务企业集中承载区；（3）信用数据公共服务专区；（4）信用科技展示体验区。

（四）信用科技产业孵化器

信用科技产业孵化器是信用科技创业企业诞生、发展、成长的核心载体，具有通用性、配套性、集约性等功能特点，是“五位一体”信用生态体系和信用产业园的重要组成部分。孵化器通过叠加自由贸易区的优惠政策和服务资源，可以为信用服务创新项目的孵化提供一揽子支持，包括数据服务、投融资服务、产业资源对接、人才引进与培育、企业成长辅导等。

（五）信用产业创新发展基金

信用科技产业创新基金是助推信用科技产业快速成型和快速发展的重要手段。通过设立和运营“信用科技产业创新发展基金”，依托信用科技产业创新中心专家咨询委员会和信用科技产业联盟，发掘和筛选在信用科技应用技术、产品、服务等方面具有发展潜力的创新项目，利用创新基金支持企业快速发展壮大，形成规模化发展。创新基金是新常态下财政支持信用科技产业发展方式转变的创新举措，有利于撬动金融资本和社会资本，有效整合资源、化解风险，更好地推动信用科技产业发展和产业转型升级。

三、实施“五位一体”信用科技协同创新发展战略的着力点

信用科技产业的发展，需要紧紧围绕社会信用体系建设的总体部署，找准信用科技与现代信用经济相结合的应用场景，以法律、法规、标准为依据，以健全覆盖全社会成员的信用记录和信用基础设施网络为基础，以信用信息合规应用和信用服务体系为重点，以现代信息技术为保障，全面赋能现代信用经济的高质量发展。信用科技“五位一体”协同创新综合体的运行需要抓住以下几个方面的关键点：

1. 联合信用科技领域的相关行业协会、产业园区、高校和科研院所、信用科技龙头和平台型企业，发起成立“信用科技产业创新联盟”，建立产学研用联合人才培养机制，培育高水平领军人才与创新团队，带领行业合作创新，共同发展。

2. 通过与政府部门合作建立“数据特区”，开展制度创新，打通信用大数据流通环节，实现信用大数据安全共享，为信用科技产业发展奠定大数据生态环境。

3. 通过打造开放式的“信用科技产业创新公共服务平台”，全面支持信用科技产业标准创新、应用技术创新、产品与服务创新，赋能信用评级、企业征信、个人征信、供应链金融、互联网金融、其他新金融业态及延伸金融服务等传统和新兴信用服务业，以及社会信用体系建设领域。

4. 通过建立“信用科技成果展示与服务中心”，提供信用科技创新成果的推广、技术转让和产品交易服务、信用科技咨询与培训等，促进信用科技中小企业发展壮大。

5. 以社会资本为依托，通过设立和运营“信用科技产业创新发展基金”，探索保障信用科技可持续创新发展的产业投入机制，培育和孵化龙头企业，支持领先信用科技企业做大做强，带动产业升级，打造信用科技产业高地。

当前，以大数据、人工智能、云计算、物联网、区块链、5G 通信等为代表的新一轮科技变革正在重构全球创新版图，重塑全球经济结构。中国作为全球创新的重要发源地，科技创新，社会治理创新驱动着全球第二大经济体创造着新效率、新速度。以科技驱动的社会信用体系建设正在快速推动着中国迈入信用时代。

以共享经济推动中小微企业转型发展

中创时代大数据咨询有限责任公司董事长　吕鹏辉

近些年，共享经济的新模式对中小微企业发展起到了积极推动作用。共享经济的共性是它能把社会上大量闲置的人力资源、设备资源、空间资源重新利用，避免了无谓的浪费，提升了闲置资源的利用率，改善了供需矛盾，是践行节能环保理念的新业态。共享经济的新模式包括以下几个方面：

第一种是共享出行模式。共享单车、共享约车、共享充电宝这些都是耳熟能详的。共享单车行业企业竞争惨烈，资本大潮已经退去，只留有几家优质企业。共享打车是我们使用频率最高，也是最为了解的业态。共享停车位就是将闲置停车位合理利用，一定程度缓解停车位不足问题。

第二种是共享用工模式。一场突如其来的疫情让一些企业和商户暂时歇业、员工闲置。共享用工能够帮助人力成本压力大的企业渡过难关，也为人手不足的企业缓解燃眉之急。通过人力资源的再分配，能够实现企业、员工的双赢，发挥保障民生、促进生产、提升劳动力技能水平、提高人力资源配置效率等作用。

第三种共享空间模式。典型的有共享租房、共享办公区、共享车间。共享租房平台为外出旅游人士和家有空房出租的房主提供服务。共享办公区平台为创业团队提供低廉的、拎包入驻的办公体验。共享喷涂车间开放给汽车喷涂、木器加工等企业，VOC 挥发性气体处理达标，可达到环保排放要求，能够有效避免相关喷涂企业停业整改和关停。共享加工车间模式则是将闲置厂房和机床设备分享出来，让有需求的个人或组织使用。

第四种是共享医疗模式。目前，医院挂号难，即使有幸求得一号，问诊、检查、缴费、取药，窗口排队也令人望而却步。共享医疗包括医疗人员共享、医疗设备共享和病床共享。我国目前有近 289 万执业（助理）医师，据《2015 中国医师执业状况白皮书》，我国有 14.4% 的医师每周工作时间在 40 小时以内，至少有近 42 万医生能够在工作闲时进行分享。我国基层医疗设备的使用率不足 40%，即有 60% 的基层医疗设备能够进行分享。二级医院病床使用率 88%，一级医院及基层医疗机构的病床使用率只有 60%，有大量的病床可以分享。共享医疗是一个极具潜力的业态，可以很大程度缓解挂号难、看病难问题。

当前，我国数字经济蓬勃发展，数字化的浪潮席卷各行各业，数字经济已成为推动经济高质量发展的强大引擎。如何通过智能算法让资源合理匹配，解决个体和中小微企业数字化转型不会转、不能转、不敢转的问题，将成为数字经济发展的重要课题，需要持续不断的探索和发展。

数字金融赋能实体经济

北银金融租赁有限公司总裁　刘健

一、数字金融是数字经济的重要支撑

2020 年新冠疫情对全球经济造成巨大冲击，数字经济成为疫情后我国和许多发达国家高度重视的全新发展方向。

据《中国数字经济发展白皮书（2020）》数据显示，2019 年，我国数字经济的总体规模达 35.84 万亿元人民币，数字经济总体规模占 GDP 的比重也从 2005 年的 14.2% 提升至 2019 年 36.2%。据中商产业研究院预测，今年上半年，由于传统经济的普遍下挫，全球经济数字化转型提速，数字经济对 GDP 的贡献度可能超过 50%，预计全年我国数字经济总体规模将突破 40 万亿元人民币大关，毫无疑问，数字经济已成为我国国民经济增长要素的重要组成部分。

数字经济作为一种新兴的社会经济形态，它的实施载体是各类产业的数字化信息平台，实施路径是产业自身全方位的数字化转型。传统产业的数字化转型，在落地实践过程中需要两大基础：一是数字信息技术的科技赋能，二是金融机构资金的输血赋能。因此，光有数字技术没有金融，传统产业无法承受巨大的数字化转型成本，进度势必缓慢；光有金融没有数字技术，难以改变传统金融服务难下沉、成本难降低的现状。因此，数字金融是数字经济的重要支撑和保障力量，也是数字经济的重要组成部分。

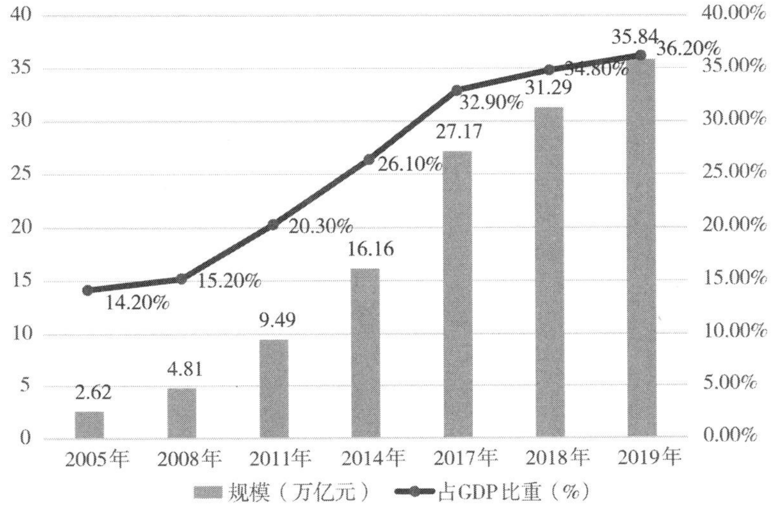

图 1　2005—2019 年国内数字经济总体规模及占 GDP 比重

数据来源:《中国数字经济发展白皮书》

二、数字金融助推实体经济降本增效

数字金融本质是物联网、区块链等信息技术和产业金融服务的有机结合。当前，数字金融呈蓬勃发展态势，在支付与结算、借贷与融资、风险管理、客户服务、金融监管等领域全面渗透。

以金融科技领域为例，据《中国科技金融服务深度调研与投资战略规划分析报告》统计数据显示，2013 年国内金融科技企业营收规模仅为 695.1 亿元人民币，之后呈现高速增长状态，到 2019 年，国内金融科技企业的营收总规模达到 1.4 万亿元人民币，预测 2020 年国内金融科技企业营收规模将近 2 万亿元人民币。

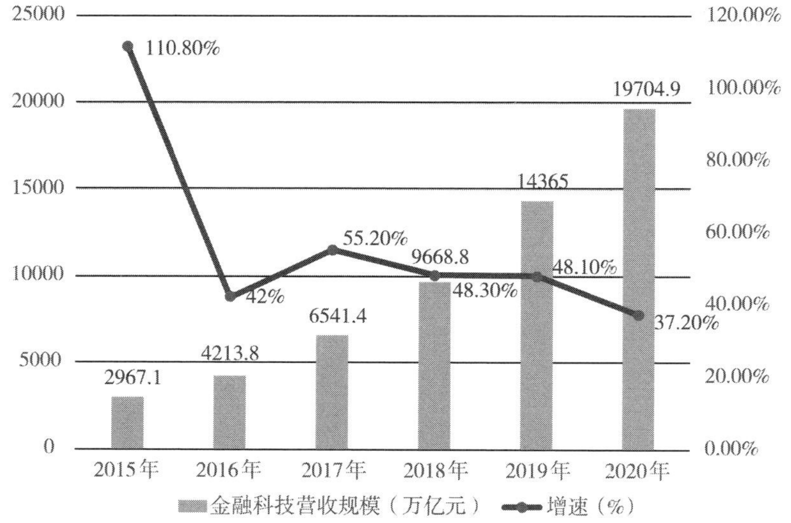

图 2　2013—2020 年中国金融科技营收规模统计及增长情况预测

数据来源:《中国科技金融服务深度调研与投资战略规划分析报告》

云计算、大数据、人工智能和区块链等新兴技术与金融业务不断融合，科技对于传统金融的改造被不断强化，在政策的大力支持下，金融机构、科技企业对金融科技的投入力度持续增大，数据价值的体现被持续强化，金融业务环节的应用场景更加丰富，金融解决方案创新更加多元。数字银行、无人银行、资产证券化、数字票据等数字金融的分类别业务在科技赋能下颠覆式发展。数字金融改变了传统金融服务实体的方式和手段，促使金融机构服务实体的触角更远，服务实体的质量更优。从以下几方面看:

（一）有效改善实体企业融资难题

传统产业链上，80% 的参与主体都是民营企业和中小微企业，因信息不对称、客户层级准入等因素而获得传统金融服务的基础较差。随着信息技术手段的成熟，金融机构利用智能信息技术，逐步实现产业链的“三化”即发展情况透明化、底层资产可视化、潜在风险可控化，帮助金融机构降低过去因信息不对称而产生的风险成本，描绘了产业链的企业画像，对行业认知更加具象清晰，在风险成本降低、风险可控的基础上，降低了产业链上的民营企业和中小微企业获得金融服务的门槛。

（二）有效降低实体企业融资成本

运用数字科技手段开展金融业务，在开放的场景中精准触达并服务用户，降低金融机构获取客户的成本。同时，在开放的技术赋能背景下，数字科技作为业务纽带串联起不同的金融机构，形成一个由不同类型金融机构组成的大生态，为实体企业提供综合金融服务方案，提升了金融机构间的协同效应。各种业态的金融机构，发挥自家产品优势，满足客户的不同需求，能够更全面地服务实体企业，真正帮助实体企业改善资产负债结构，实现综合的降本增效。

美国通用早在 2017 年就提出了著名的 1% 理论，认为在其下属的航空、电力、医疗、铁路和石油天然气五个行业中，通过数字化手段每降低 1% 的成本，就将为产业链企业释放 3000 亿美元的不必要成本。

（三）有效提升金融机构运营效率

数字金融是智能技术与金融服务的有机结合，通过互联网和信息通信技术手段推动金融创新，形成对金融市场、金融机构以及金融服务产生深远影响的商业模式、技术应用、业务流程和创新产品。数字金融并未改变金融服务实体的实质，而是通过智能技术改变金融的运行方式和效率。数字化技术的应用可以有效降低金融机构的交易成本和人员配置成本；大数据技术有效改变了客户资料收集、客户信息处理、风险信息识别、客户信息维护等工作效率，通过线上线下相结合的全时段、全链条、全流程管控，提升了金融机构的业务落地效率、内部运转效能、风险控制能力，从而提升金融服务能力与水平。

三、数字金融与实体经济融合发展

数字金融本质上是一种业态，一种商业模式，一种技术与金融结合的形式，商业模式脱离不开底层技术和硬件设施设备的支撑，而支持数字金融快速发展的基础则是数据中心等应用基础设施。互联网数据中心是集中计算、存储数据的场所，是为了满足互联网业务以及信息服务需求而构建的应用基础设施。基础设施建设离不开实体企业的支持，数字金融既建立在实体经济基础之上，又服务于实体经济发展。企业如果构建数据中心平台，必然需要自建机房、自建系统、自行开发维护，因此前期需要投入大量的基础设施建设资金和人力成本。

以中国市场为例，近几年数据中心市场总规模增速平均保持30%左右的增长水平，预计 2020 年的市场规模有望超过 2000 亿元人民币，这其中蕴含着巨大的基础设施投资需求，作为具有先天服务实体企业优势的金融租赁产品无疑是数据中心建造企业的首要选择。

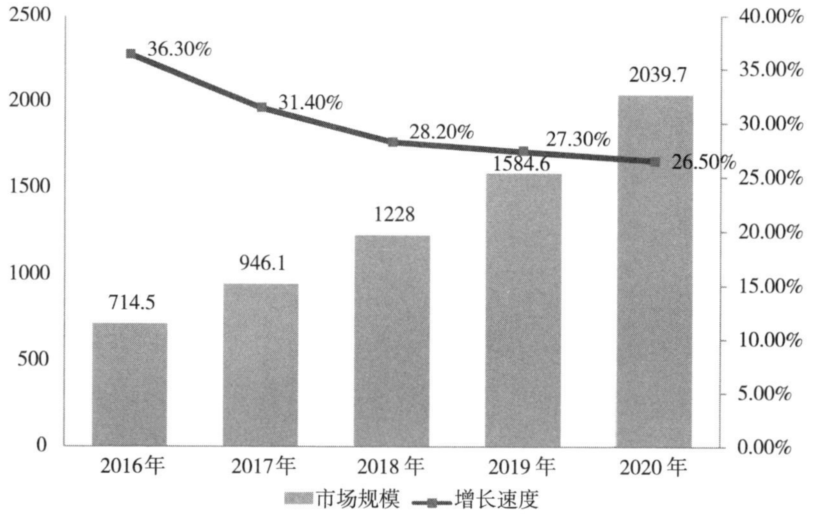

图 3　2014—2020 年中国 IDC 市场规模及增速走势

数据来源：《2019-2025 年中国 IDC 行业市场发展态势及发展趋势研究报告》

四、融资租赁必将助力新基建发展

金融租赁作为一种金融业态，发端于 20 世纪 50 年代的美国，是经济发展到高级阶段的产物，是产业充分竞争、专业分工深化催生的业态。国内金融租赁行业起始于 20 世纪 80 年代，于 2008 年以后平均保持 20% 左右增速快速发展，目前全国已开业金融租赁公司 71 家，行业总资产规模达 3 万亿元。金融租赁是与实体经济紧密结合的一种融资方式，服务实体行业广泛，遍布航空航运、大型设备、工程机械、能源环保、轨道交通等领域，是推动产业创新升级、促进社会投资和经济结构调整的重要力量，在国内供给侧结构性改革中作出了独特的贡献。

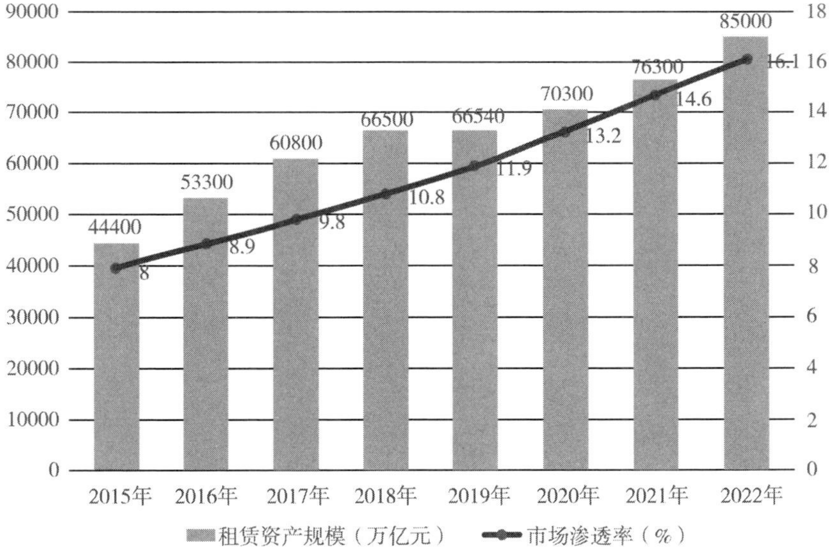

图 4　2015—2022 年融资租赁市场渗透率情况

数据来源：中国租赁联盟　中国融资租赁行业协会

金融租赁产品集融资与融物于一体，具有独特的功能和特性：一是融资功能。金租公司为承租人购买设备等租赁物，实质上为承租人解决了融资问题。二是投资功能。经营租赁帮助承租人添置了新设备，实现设备更新迭代，承租人在轻资产经营的同时，实现了投资。三是优化财务报表。通过租赁方式，引入长期负债，优化承租人的资产负债结构。四是贸易功能。金租公司通过租赁产品衔接产业链的上下游，下游以租代购，上游以租代销。五是资产管理功能。金租公司通过对租赁物的维护保养与服务、日常运营监测、租赁物处置等服务，为承租人实现资产管理功能。

金融租赁行业目前也在数字金融领域进行深度转型，依托信息科技手段，行业在向专业化、数字化、智能化方向转变，不断挖掘数字技术在租赁领域的应用。主要体现在几方面：一是在客户挖掘和再营销方面，通过人工智能、大数据等手段，提升客户精准度，增加客户附加价值，提升客户服务水平。二是在业务效率提升方面，通过科技手段的建设和投入，减少重复性简单劳动，提升业务效率。三是在资产管理方面，运用物联网技术，通过租赁物的监测、监控承租人生产状况等方式，节约日常资产管理成本。四是风险控制方面，发挥区块链技术的优势，动态抓取分析客户各方面的数据，构建实时的预警风险控制机制。

数字化转型已成为当下金融行业的共识，各家银行、金融机构纷纷以金融科技或者数字金融作为发展战略。未来，传统的层级化、流程化、制式化的金融服务模式将被逐步取代，而网络化、场景化、数字化的新金融服务模式将会成为主流。伴随数字金融技术的不断迭代升级，应用场景的不断拓展，未来金融租赁服务实体经济的质效将会得到更大的提升。

数字技术赋能汽车领域

戴姆勒卡客车（中国）首席执行官　科锐铭

近年来，数字化正逐渐成为公众所关注的核心议题。产业数字化日益成为经济社会发展的重要驱动力量，与此同时，数字化技术的影响也深入人们生活的方方面面。而在中国，这一趋势尤为明显。中国拥有全球领先的数字生态系统。人们常用的安全便捷、高度普及的各种移动支付 App，以及为日常工作提供可靠高效支持的视频会议云平台就是极好的例子。

万物互联的深度数字化技术，彻底改变了我们的生活、沟通和工作方式。这其中，也包括汽车领域。“新四化”（智能化、电动化、共享化、网联化）不仅正在影响着乘用车行业，商用车的技术迭代方式也在随之发生变化：从动力传动系统、驾驶室等硬件升级，迈入智能网联时代。同时，生产制造过程的数字化也极大地改变了我们生产产品的方式。

随着智能网联和自动驾驶等新技术的兴起，未来驾驶员与车辆的信息交互会越来越多，传统的人机交互界面已经很难满足这一要求，打造全新的信息与通信界面成为必然。卡车行业也不例外。作为世界领先的商用车制造商，戴姆勒卡车深度拥抱数字化浪潮。

以卡车行业的第一款数字驾驶舱量产卡车——梅赛德斯－奔驰新阿克托斯为例，它的革命性意义在于驾驶员工作场所从模拟到数字的转变。在新阿克托斯的驾驶舱中，技术核心主显示屏和副显示屏取代了传统驾驶舱中的大多数仪表，成为新的人机交互界面核心。而驾驶员能够通过这两块屏幕，在专心驾驶的同时，实现对车辆的所有功能与操控。

为什么说数字驾驶舱是一次技术革命？从表面看，数字驾驶舱只是由两块大屏构成，可以很容易在车辆上实现，但如果没有背后的智能网联技术、没有卡车企业的数据积累与应用能力，数字化将流于表面。卡车数字驾驶舱的本质在于万物互联的深度数字化技术，在于智能互联。因此，把卡车行业数字驾驶舱的应用称之为“技术革命”，正是体现了数字技术对于商用车领域的赋能。

人类与机器协同作业，现实世界与数字世界的边界也正在打破，3D 打印、机器学习、生产数据云计算，甚至是虚拟现实等多种创新作业方式，都在逐步投入使用。从产品层面而言，自动驾驶是汽车数字化转型的趋势之一。5G 网络，人工智能和大数据等数字技术的发展是自动驾驶技术得以实现的基石。

未来，每一位卡车驾驶员都能够通过越来越“数字化”的车辆，建立与车辆更紧密的关系。通过数字化的应用打通从车辆研发、制造到服务全产业链，挖掘产品全部生命周期更多的价值。

下篇　大会致辞

2020
数字经济大会报告

中国将成为全球数字化发展引领者

全国政协副秘书长、农工党中央副主席兼秘书长　曲凤宏

当前，新一轮科技革命和产业变革正在加速兴起，新模式新业态持续涌现，信息技术的迅猛发展，掀起了数字经济的新浪潮。数字经济已经成为世界经济发展的重要方向，成为推动产业结构转型升级，促进经济高质量发展的新引擎。据统计，2019 年我国数字经济增加值规模达到了 35.8 万亿元人民币，占 GDP 比重 36.2%，成为当今实现更高质量增长、提高竞争力和创造更优质生活的重要前沿领域。可以说，我国已经成为名副其实的数字经济大国，未来中国势必将成为全球数字化发展的引领者。

“十四五”时期是我国“两个一百年”奋斗目标的历史交汇期，也是全面开启社会主义现代化强国建设新征程的重要机遇期。在数字化程度日益增强的世界里，数字经济无疑将成为我国在新发展格局中的重要力量和国际竞争的新战场。特别是在当前疫情防控常态化的背景之下，数字经济的优势将进一步凸显，电子政务、远程办公、在线教育、在线医疗等各类线上服务，呈现爆发式增长，展现出巨大的发展潜力。推动数字经济发展，是加快推动高质量发展的迫切需要，也是更好满足群众高质量生活需要的必然要求。

数字经济正深刻地改变着世界，也改变着社会，改变着每一个人的生活。希望通过本次大会，可以达到开拓思维、共享成果、不断

进步的目的，为加强数字经济的深入应用以及与各行业领域的融合发展，贡献我们的力量。在构建新发展格局中，创新数智未来，赋能产业发展。

加快建设数字经济强市

廊坊市委书记　冯韶慧

当前随着新一轮科技革命推进，数字经济强势崛起，已经成为带动新兴产业发展壮大，传统产业转型升级，实现高质量发展的重要驱动力。特别是在疫情全球暴发的大背景下，人工智能、大数据、云计算等数字经济在各国抗击疫情进程中加速发展，远程办公、云端经济等新业态为维持社会正常运转，对冲经济下行压力发挥了重要的作用。

近年来，廊坊市委、市政府把发展数字经济摆在重要位置，坚持数字产业化、产业数字化并重，先后制定出台了《关于加快推进数字经济发展的实施意见》等一系列政策文件，大力发展人工智能、软件开发、工业互联网、5G 商用、大数据、空间信息等新兴产业，不断拓展应用场景和应用深度，形成了以应用带动产业，以产业推动应用的良好态势。数字经济在廊坊蓬勃发展，强势崛起，目前我市已建成润泽国际信息港等多个大型数字中心，运用基站数量超过 6 万架，成为京津冀数字存储的高地和北方算力中心。华为中心、京东方等一批行业领军企业入驻，全市电子信息产业规模超过 420 亿元人民币，居全省首位。在 2020 年第十届数据中心奖项评选活动中，廊坊市被评为全国数据中心产业发展示范城市。

今天，我们再次携手经济日报社以线上、线下相结合的方式举办

2020 数字经济大会，本次大会以“创新数智未来，赋能产业发展”为主题，将举办主旨演讲、项目签约、高端论坛等系列活动，旨在通过深入对接交流、科学研判大数据、工业互联网、5G 等新一代信息技术发展趋势，进一步抢抓重大机遇，开展务实合作，推动数字经济实现高质量发展。我们将以举办这次大会为契机，与各方面专家学者、研究机构、企业精英一道着力拓展新空间，打造新平台，激发新活力，全面提升数字经济发展水平，衷心希望各位专家学者把廊坊作为数智经济发展的试验田，多给予我们帮助指导，多提出战略性建设建议，衷心希望各位企业家朋友慧眼识珠，携手廊坊，共赢发展，共创未来。

优化投资环境　让产业链择商

河北省工业和信息化厅党组书记、厅长　龚晓峰

最近雄安的“工业设计周”，50 多个国家 8000 多产品线上线下参加我们的工业设计展览和竞赛。在唐山、沧州、石家庄各个地方最近都在开数字经济方面的论坛或者对接会，工业和信息化厅今年谋划近 100 场对接会和活动都是关于数字经济方面的。去年，工业和信息化部和河北省人民政府共同举办了以数字经济命名的国家级博览会“中国国际数字经济博览会”。

现在不是要不要发展数字经济的问题，而是怎么把政府要求落实到位的问题。比如说，产业数字化，河北有 21 万家制造企业，科创企业 13000 家，大部分的企业数字化转型都已经迈出了步伐，但是在深度融合的“融合”两个字还有很多东西要做。因为不同的需求有不同的解决方案。坦率地说，我们缺复合型的人才，不仅自己缺，全国也缺。希望各位专家多到河北企业走一走，因地制宜，结合企业的实际和具体的需求拿出解决方案，这是第一个希望大家在产业数字化要做的。

数字产业化规模中，软件 7 万多亿，电子信息产品制造业 12 万亿，加起来有 20 万亿。但河北的量比较小，如何把电子信息、软件服务等做大做强，是河北面临的突出问题。今天不是为了开会而开会，而是为了让更多的人了解河北，来河北投资，营造更好的环境。环境怎么营造？其实在服务大项目、好项目、新项目中优化环境，不

能只是发文件、开会，而是怎么让企业愿意来，来后不愿意走，而且还要带上下游企业来，这叫产业链择商。把企业请过来是我们要做的事情，产业怎么谋划，怎么融合发展，希望找一些企业过来把产业做大做强。

回顾一下新兴产业，比如，1978年的时候全国才100亿人民币，1992年是1000亿人民币，到2001年突破了1万亿人民币，2011年突破了10万亿人民币，但整个产业规模河北还是比较小的，如何在发展过程中把产业做大?

河北自己也培养了不少的人才，保定就有30余所软件学院，但毕业以后百分之八九十到外地，怎样把人才留住，也是一个重要的课题。京津冀之间的工资差别还是比较大的，留住人才，要靠企业的行为、靠市场的行为。落后地区不能等靠要，等不来，要不到，只有主动出击，学会借力整合资源才可能创业创新。所以，请各位一起过来跟我们边理思路、边造人气、边搭平台、边抓项目、边带队伍。

唱好地方特色戏　赋能数字经济新发展

河北省数字经济联合会会长　吴显国

很多人问什么叫数字经济？能不能用最通俗、最简单的几句说明，我不是专家，我只能是做个比喻，数字经济就像电一样。两三百年前有人发现了电，随后发明了电灯、电话、电报，后来又有了电风扇、电吹风，再后来有了电饭煲，一切的一切，我们的生活离不开电。离开电的世界就是一片黑暗。数字如同电一样。

现在什么东西能够离开数字？无论是坐飞机，还是购物、导航，都离不开数字，这就是时代的风口。廊坊市委、市政府第三次举办数字经济大会就是站在了风口上。

有些人对新东西接受起来很慢，这就需要对他进行“洗脑”。前一段时间，在筹备省数字经济联合会的时候，有个别企业对数字的作用认识还不到位，思想比较落后。现在不去努力颠覆别人，最后的结果就一定会被别人所颠覆。

这次数字经济大会的主题叫“数智赋能”，什么叫赋能，举些例子。

任何服务业具体的企业都有服务半径，比如，小区的小卖部、烟酒茶糖店，过去就是服务小区的，这就是服务半径。赋能以后就不同了，网上一直播，东西就卖到全国去了。比如，一个果园、一个大棚，如果没有数字赋能加持，卖的就是个集市，十里八村的就完了。永清的西红柿，在手机上卖到300里、500里、1000里以外，我觉得这就是赋能。

阿里的朋友跟我讲，去年赵县的雪花梨 6 毛钱一斤，在树下被两个广东的直播商包了，两个小伙子收梨的季节 12 块钱一斤赚了一个多亿人民币，这就是梨这个产业被赋能了。前几年，邢台的威县种了 20 万亩的日本皇冠梨、10 万亩的葡萄，我那时候不懂数字，也不懂赋能，我问他们那的领导人，梨和葡萄同时下来卖给谁？前几年“蒜你狠”“姜你军”“山东大葱”等都烂在地里，就是因为没有数字赋能。现在不怕了，到季节的时候直播一喊就卖到了全世界。后来，找企业家建冷库，下来以后储存起来。前两天阿里在威县搞了梨电商大会，一箱皇冠梨在超市卖到 120 元人民币，这就是赋能。现在数字经济大潮正在兴起，很可喜的是廊坊市委、市政府紧紧抓住了机遇或者站在了风口上，今天的大会就是给大伙“洗脑”。

让更多的企业家提前觉醒。不断地洗脑，廊坊人应该有条件比其他市醒得更早，走得更快。廊坊有希望、有能力站在风口上，把河北的数字经济搞上去。

附录一

2020 数字经济发展指数报告

2020
数字经济大会报告

2020 数字经济发展指数报告①

DEDI 指数排名情况

■ 广东领跑全国 头部省（市）基本确定

2020 中国数字经济发展指数平均值为 29.6，其中 10 个省（市）指数值高于平均水平。广东以 65.3 的指数值稳居全国数字经济发展水平第 1 名。2020 年位列前五的省（市）与 2019 年相同（浙江与上海名次互换），数字经济头部省（市）基本确定，引领全国数字经济发展。

表 1　2020 中国数字经济发展指数排名

排名	省（区、市）	指数值	排名	省（区、市）	指数值
TOP1	广东	65.3 −	17	广西	26.2
TOP2	北京	55.0 −	18	天津	24.9
TOP3	江苏	52.2 −	19	贵州	24.7
TOP4	浙江	51.5 ▲1	20	辽宁	23.5
TOP5	上海	45.5 ▼1	21	云南	21.3
6	山东	42.8	22	山西	21.1
7	福建	38.6	23	黑龙江	20.5
8	四川	35.6	24	甘肃	19.3
9	河南	35.0	25	内蒙古	18.9
10	湖北	32.5	26	新疆	18.1
均值29.6					
11	河北	29.4	27	海南	17.8
12	湖南	29.4	28	吉林	17.4
13	安徽	29.3	29	宁夏	17.1
14	重庆	28.8	30	青海	13.8
15	江西	28.5	31	西藏	8.0
16	陕西	26.3			

① 报告来源：赛迪顾问股份有限公司（不包含港、澳、台地区）。

DEDI 指数整体解读

■发展阶段：由尾部向中部集聚 跃升难度逐渐增大

从起步到引领创新，数字经济发展每进入一个新的阶段，向上跨越的难度就会随之加大。目前我国数字经济发展水平仍处于起步阶段的地区很少，六成省（区、市）聚集在发展和追赶阶段，并逐步成为新秀。但要实现从新秀向引领者的跃升，则难度骤增，加之追赶者的赶超势头强劲，或面临“逆水行舟”的局面。整体来看，数字经济头部省（市）与其他地区的差距仍然很大，各地所处数字经济发展阶段分布呈现从尾部向中部集聚的态势。

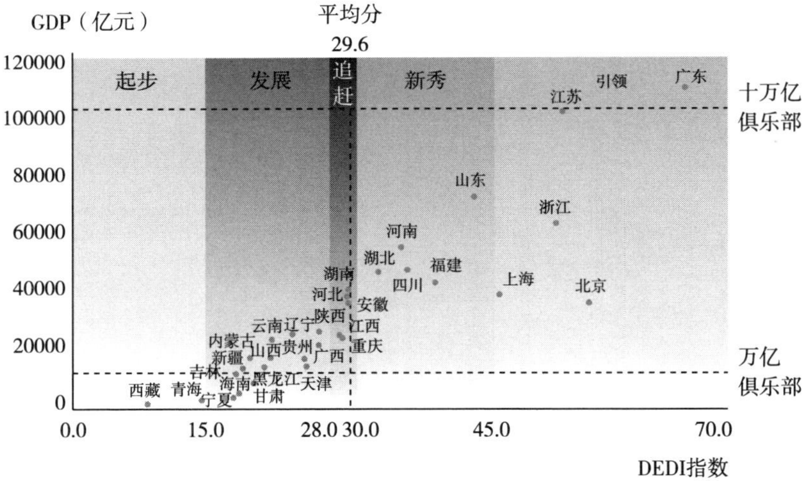

图 1-1　2020 中国数字经济发展阶段分布图

阶段	省份数量	发展特征
引领	5	数字经济全面发展，处于引领者位置
新秀	5	产业数字化发展水平较高，具有跃升潜力
追赶	5	数字经济进入快速发展阶段，追赶势头强劲
发展	14	数字经济发展初见成效，仍需稳步提升
起步	2	数字经济发展基础较为薄弱，仍处于起步阶段

■区域分布：三大核心区域凸显　西部地区拥抱机遇

我国数字经济发展具有突出的区域聚集特征，京津冀、长三角、珠三角成为我国数字经济发展的区域核心。这一方面是由于三地经济基础优势显著，可以为数字经济核心产业的发展提供充分的人才、资金等资源保障；另一方面三地扎实的产业基础，也为数字技术与实体经济的融合发展提供了广阔的空间。

整体来看，数字经济发展水平仍未打破“胡焕庸线”。但相较 2019 年，2020 年共有 8 个省份的数字经济指数排名有所上升，其中陕西、广西、云南、甘肃、内蒙古、新疆 6 省（区）均位于我国西部地区，西部地区正拥抱数字经济发展红利，努力在新的赛道实现突破。数字技术具有跨越地理特征的优势，未来，随着新型数字基础设施的建设和普及，数字经济将会进一步突破地理条件限制，逐渐改变我国传统的经济发展模式和资源配置方式，为缩小东西部差距注入新动能。

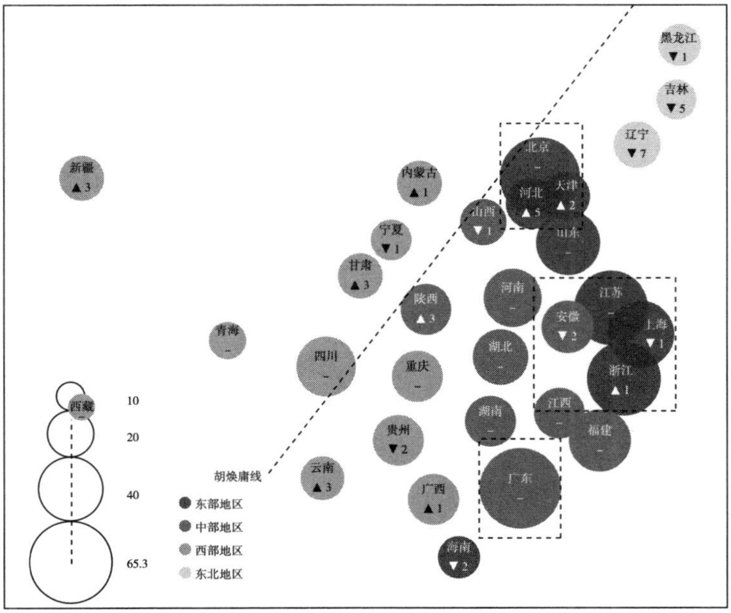

图 1–2　2020 中国数字经济发展指数区域分布图

■优劣态势：产业数字化仍需提升　各地优劣势各有不同

从四个一级指标的结果来看，基础指标、融合指标、环境指标得分均高于平均值 29.6，而产业指标则低于平均值，我国数字产业化发展水平稍显逊色。图 1–3 给出了各省份排名居第一位和最后一位的指标，展示了各地的优势和劣势所在。如：对于江苏和浙江自身而言，其优势在产业融合发展领域，而在数字经济发展环境方面仍需提升；对于四川而言，其数字基础设施建设水平较好，但数字经济发展政务服务环境仍需提升。各省（区、市）应依据地区特征继续推动得分较高的指标保持优势，同时注意补齐短板，实现数字经济全面、平衡发展。

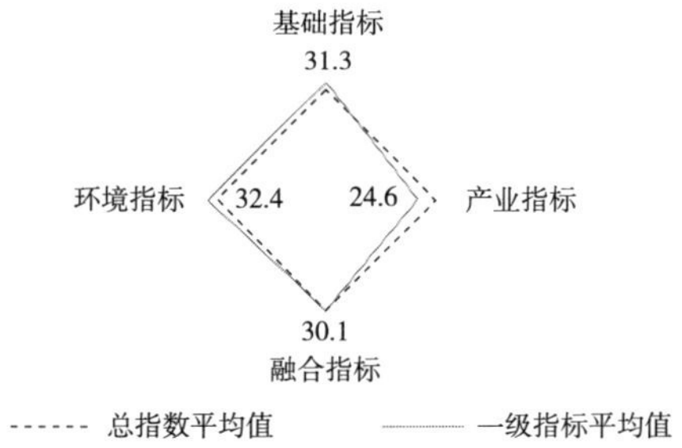

图 1–3　2020 中国数字经济发展指数各一级指标平均值情况

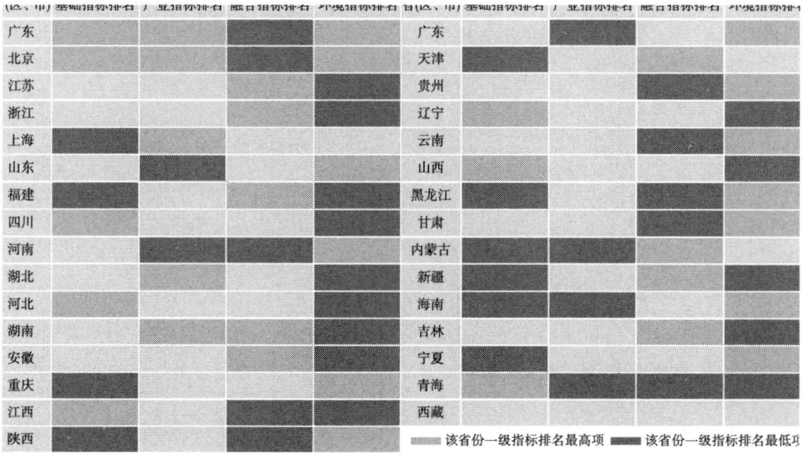

图 1–4　2020 中国 31 省（区、市）数字经济优劣势情况

■ 产业聚焦：数字牵引型省份空缺 仅头部五省（市）数字产业化水平更优

目前我国各省（区、市）的数字经济产业发展情况可以分为四种类型。广东、山东、湖北等 11 省（市）属于均衡型，产业数字化水平和数字产业化水平都高于平均值，数字经济发展最为充分；安徽、河北、重庆 3 省（市）的产业数字化发展水平远高于数字产业化，属于融合提升型；剩余 17 个省（区、市）的数字经济两化发展水平均低于全国均值，产业潜力亟待挖掘。数字产业化水平显著优于产业数字化水平的数字牵引型省份暂时空缺。

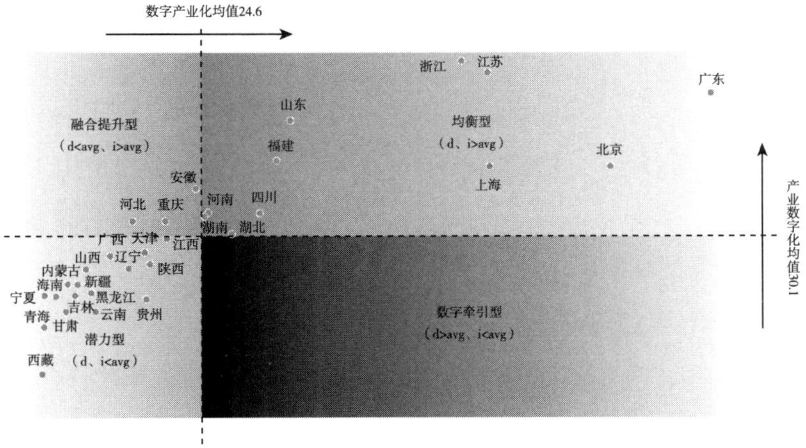

图 1-5　2020 中国 31 省（区、市）数字经济产业驱动力象限图

同时图 1-6 显示，数字产业化发展水平优于产业数字化的仅限头部五省（市）。近年来，我国依托雄厚的制造业基础，在产业融合发展方面取得了飞跃。作为数字经济持续增长的强劲动能，数字产业化在未来的发展过程中，需要更多的关注和投入。

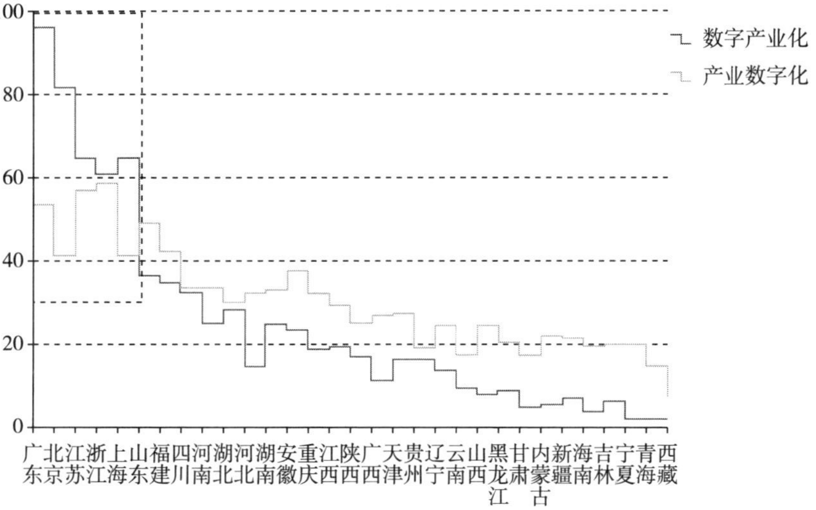

图 1–6　2020 中国 31 省（区、市）数字产业化与产业数字化水平

基础指标：总体分析

从数字经济基础指标来看，广东、北京、江苏、浙江、山东五省（市）连续两年位居前 5 名，广东省连续四年拔得头筹；全国 31 个省（区、市）数字经济基础指标平均值为 31.3，有 13 个地区得分位于平均线以上，与 2019 年持平。

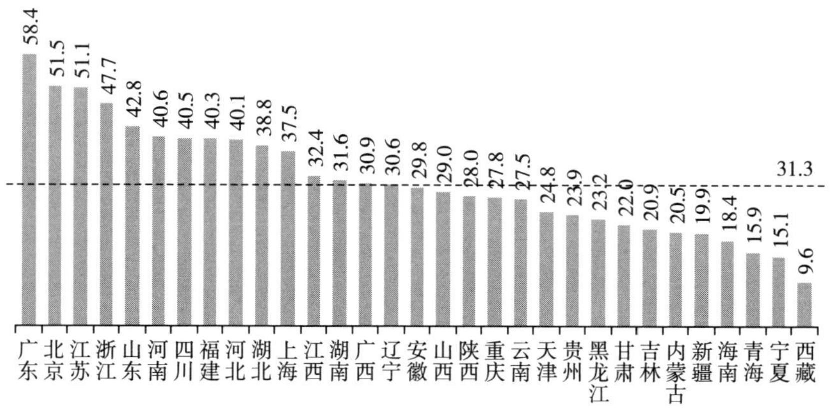

图 1–7　2020 中国 31 省（区、市）数字经济基础指标排名

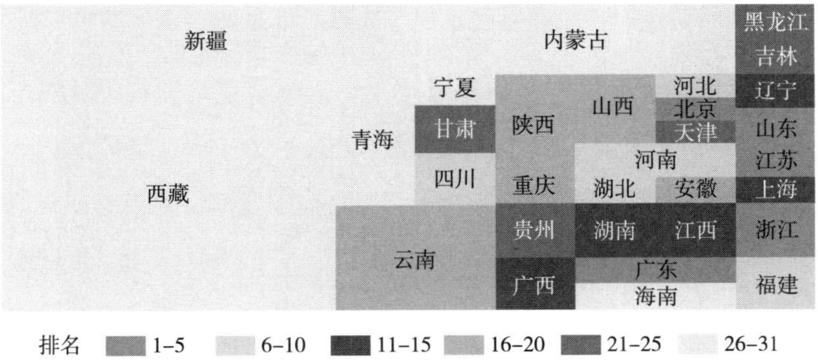

图 1-8 2020 中国 31 省（区、市）数字经济基础指标色阶图

■地域分布：东部地区领先全国 中部地区整体发力追赶

从基础指标的平均值来看，全国数字经济基础领域呈现东强西弱格局。东部地区平均值达 41.3，高出东北及西部地区近一倍；中部地区平均值为 33.7，其中湖北、河南表现亮眼，排名较上一年分别上升 3 名、2 名。从区域标准差来看，东部 10 省（市）标准差最大，东部地区头部省（市）如广东、北京、江苏等带动作用明显；中部 6 省的三个标准差整体低于其他地区，表明中部地区呈现整体发力状态，数字基础设施建设水平内部差异较小。

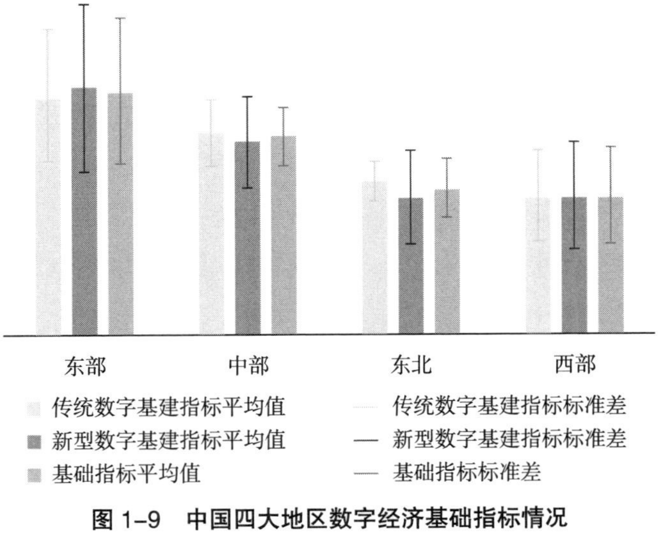

图 1-9 中国四大地区数字经济基础指标情况

■指标特点：传统数字基建趋于成熟　新型数字基建前景广阔

从基础指标各细分指标标准差来看，新型数字基础设施指标标准差均高于传统数字基础设施，其中 IPv6 比例标准差最大，达到 23.2；在传统数字基础设施指标中，互联网普及率、固定宽带平均下载速率、4G 平均下载速率标准差均未超过 10。整体来看，传统数字基础设施建设区域间差距正逐渐缩小，各区域建设水平趋于成熟，而新型基础设施建设各地争相发力，正处于加速布局阶段，未来有广阔提升空间。

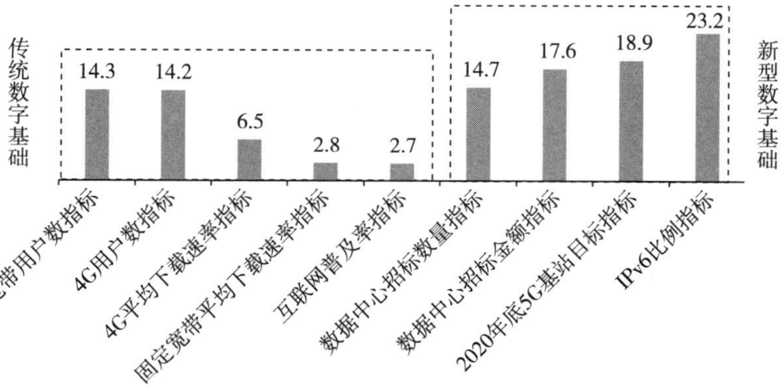

图 1–10　数字经济基础指标各细分指标标准差

基础指标：传统数字基础设施

全国传统数字基础设施建设稳步推进，31 省（区、市）传统数字基础设施指标得分平均值为 31.4，有 13 个省（区、市）得分位于均值以上，近半数省（区、市）指标得分在 15–20 之间，发展水平差距较小。广东、北京、浙江、江苏、河南位列第一梯队，其中河南在 4G 用户指标与宽带指标方面表现突出，首次跻身前 5 名。

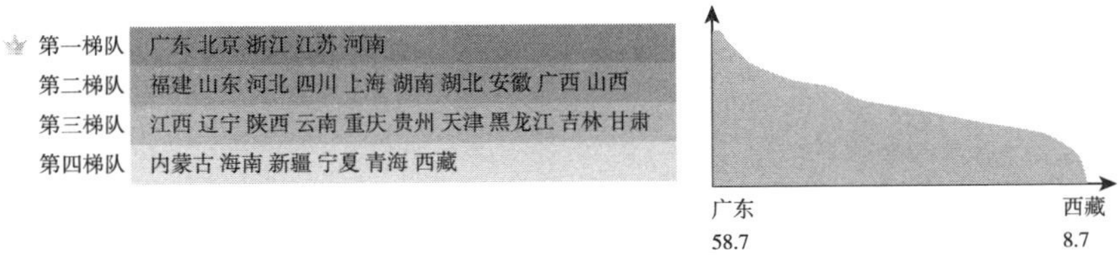

图 1-11　2020 中国 31 省（区、市）传统数字基础设施指标情况

■固定宽带建设成效显著　互联网持续纵深普及

随着“宽带中国”战略持续推进，31 省（区、市）固定宽带用户数、固定宽带平均下载速率等指标持续增长。截至 2019 年底，全国光纤入户用户规模达 4.2 亿户，占固定互联网宽带接入用户总数的 92.9%；截至 2019 年第三季度，我国固定宽带平均可用下载速率为 37.7Mbit/s，同比增长 50.8%，4G 网络平均下载速率达 24.0Mbit/s，同比增长 11.9%。从区域来看，上海在两项指标中均位居榜首。同时，各地在“光网城市”建设的基础上持续下沉，加快向农村及偏远地区延伸，全国已有超 98% 的行政村覆盖光纤网络，截至 2020 年 3 月，我国农村地区互联网普及率达 46.3%，较 2018 年增长 7.8 个百分点。

■网络基础资源建设扎实推进　持续支撑数字经济产业发展

截至 2019 年 12 月，全国 IPv4 地址数量 3.9 亿个，总数稳居全球第二。域名总数 5094 万个，较 2018 年底增长 5.6%；网页数量 2978 亿个，较 2018 年底增长 5.8%。整体网络基础资源平稳发展，下一代互联网地址资源平稳过渡。从区域分布来看，北京、福建、广东域名数位居前列，均超过 500 万个；北京、广东、河北、河南、江苏、上海、浙江等 7 个省（市）网页数量大于 100 亿个，除河南外均位于东部地区，整体来看东部地区网络基础资源领先全国，为软件和信息技术服务业等数字经济产业发展提供了良好支撑。

基础指标：新型数字基础设施

全国各地争相发力新型数字基础设施建设，指标得分均值为31.2，有16个省（区、市）高于平均值，各省（区、市）得分差距较小。江苏、广东、北京、浙江、湖北位于前5名，其中江苏凭借5G及数据中心建设指标首次位居榜首，湖北则依托数据中心领域指标首次跻身前5。

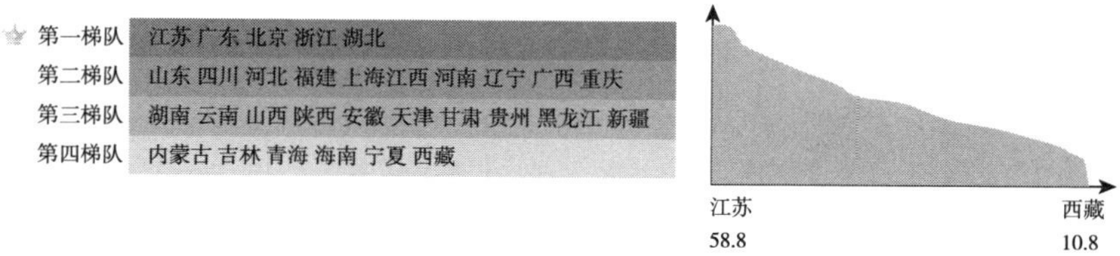

图 1–12　2020 中国 31 省（区、市）新型数字基础设施指标情况

■新基建政策密集出台　5G、数据中心成建设热点

2020年，中央多次部署新型基础设施建设，并于政府工作报告中强调要“加强新型基础设施建设，发展新一代信息网络，拓展5G应用”。截至2020年6月底，已有近20个省（区、市）发布了“新基建”重点项目投资计划，北京、山东、浙江等地已发布“新基建”行动方案。在5G建设方面，截至2020年6月底，全国5G基站累计超40万个，各地5G建设速度和规模均超过预期。在数据中心方面，2020年上半年全国数据中心招标数量超1700个，其中湖北招标数量与金额均全国第一。预计到2025年，全国5G、数据中心累计新增投资规模均将超过2万亿元人民币，远超其他“新基建”领域。各地已将5G、数据中心作为新型数字基础设施建设的重中之重，为数字经济发展打下坚实基础。

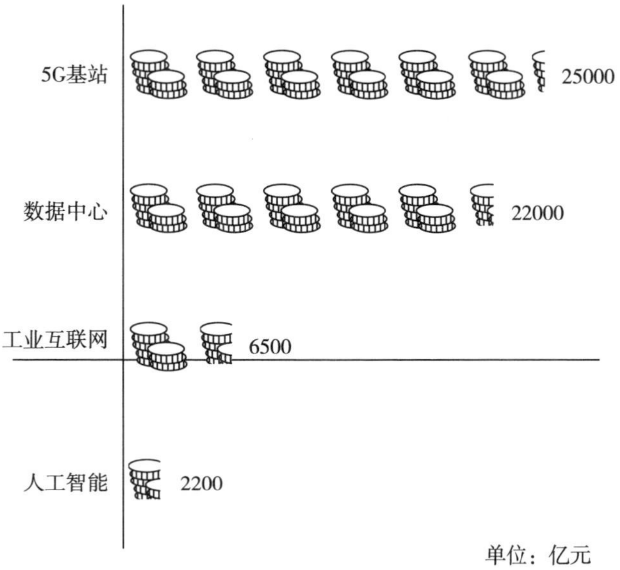

图 1-13　2025 年中国部分新基建领域累计新增投资规模预测

DEDI 指数：产业指标

产业指标：总体分析

从数字经济产业指标来看，各省（区、市）得分差距较大，全国 31 个省（区、市）产业指标平均值为 24.6，仅有 11 个地区得分位于平均线以上；广东、北京、上海、江苏、浙江位于前 5 名，该 5 省（市）得分大幅领先其他地区，其得分总和为 368.4，与其余 26 省（区、市）得分总和基本持平，其中广东得分高达 96.2，持续领跑全国。

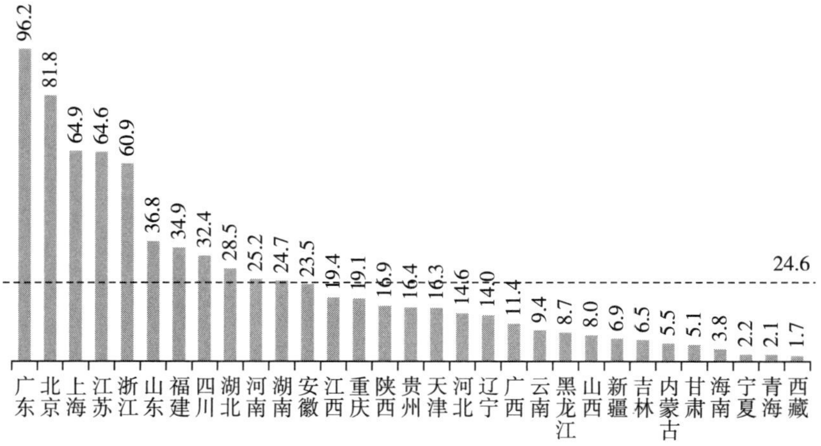

图 2-1　2020 中国 31 省（区、市）数字经济产业指标排名

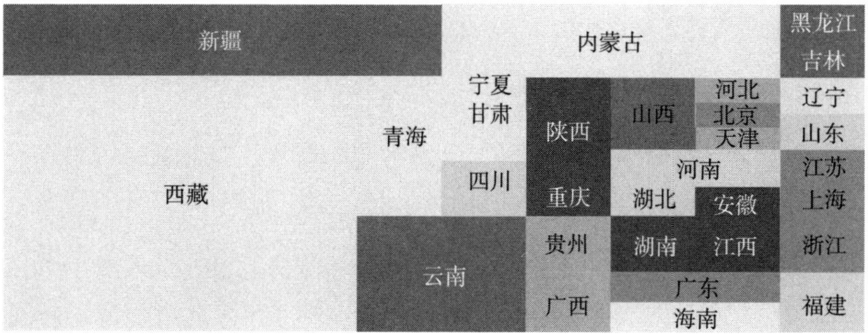

图 2-2　2020 中国 31 省（区、市）数字经济产业指标色阶

■地域分布：东部产业指标远超其他地区　东北三省发展有待提速

从各地区的产业指标均值来看，东部与其他地区差距十分明显，尤其在产业主体指标上遥遥领先。从各区域产业指标标准差来看，受广东、北京、上海等省（市）高分影响，东部 10 省（市）标准差最大，且产业主体指标标准差大于产业规模指标，表明 ICT、互联网领域企业质量和数量差距较大。东北三省产业指标平均值偏低，标准差较小，在全国四大地区中数字产业整体发展滞后，有较大提升空间。

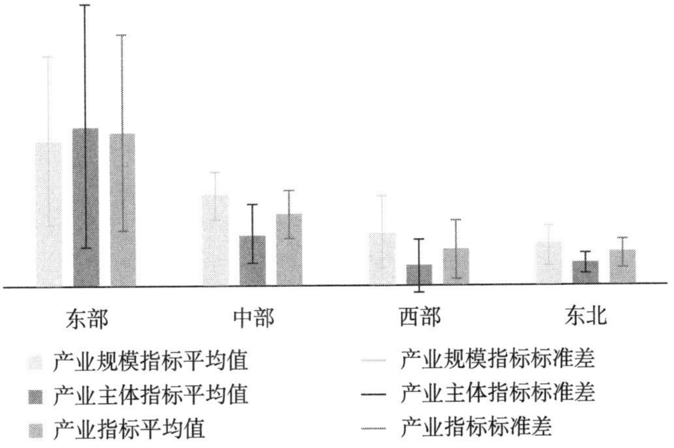

图 2-3　2020 中国四大地区数字经济产业指标情况

■指标特点：产业主体分化作用显著　落后地区电信业发力追赶

从产业指标各细分指标的标准差来看，产业主体指标普遍差异较大，其标准差均高于产业规模指标，其中独角兽企业数量指数标准差最大，达到 32.2，受优势企业影响，各地数字产业发展水平分化明显。从产业规模来看，计算机、通信和其他电子设备制造业总产值与信息传输、软件和信息技术服务业总产值标准差相对较大，而电信业务总量指数标准差相较其他细分指标最小，表明欠发达地区的电信业务逐渐发力、追赶，各地电信业务发展水平差距正逐步缩小。

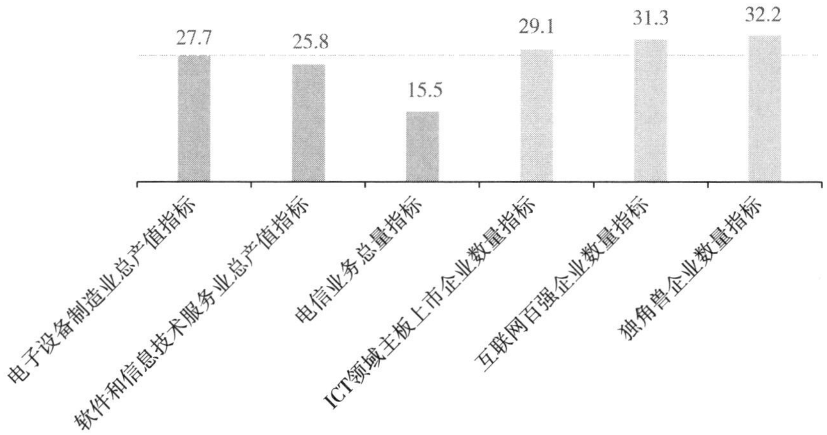

图 2-4　2020 数字经济产业指标各细分指标标准差

产业指标：产业规模

全国 31 省（区、市）数字经济产业规模指标平均值为 27.3，共有 13 个省（区、市）高于平均值，其中广东得分为 96.9，远超其他省（区、市）蝉联榜首，江苏以 70.7 连续两年位居第二位。

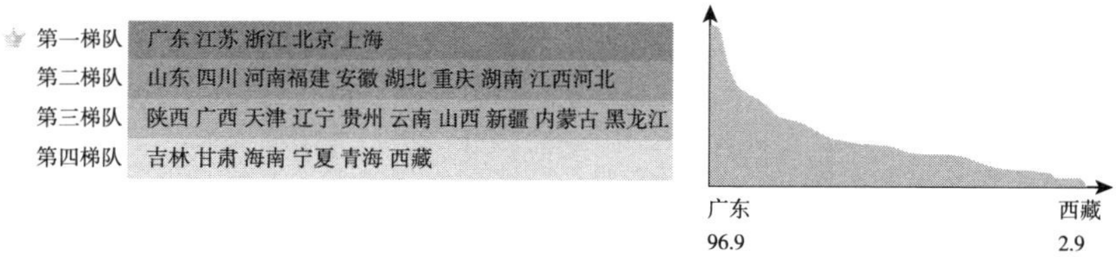

图 2-5　2020 中国 31 省（区、市）产业规模指标情况

■数字产业化集聚发展　电子设备制造业举足轻重

中国数字产业化的集聚特征十分明显。在电子设备制造业领域，珠三角、长三角及川渝地区产业规模优势较为明显；在信息传输、软件和信息技术服务业领域，长三角、珠三角和环渤海地区产业规模优势较为明显。相较信息传输、软件和信息技术服务业而言，电子设备制造业的总规模更大、区域分布集中度更高，这是我国数字产业化发展的重要特点。从分省（区市）情况来看，各省（区市）数字产业化

发展在规模与结构方面存在较大差异。广东省在电子设备制造与软件服务方面都具有重要地位，江苏以硬件制造为主，北京则以信息服务业见长。而在新疆、西藏、青海等数字产业化较薄弱的地区，数字产业结构一般以软件服务业为主。

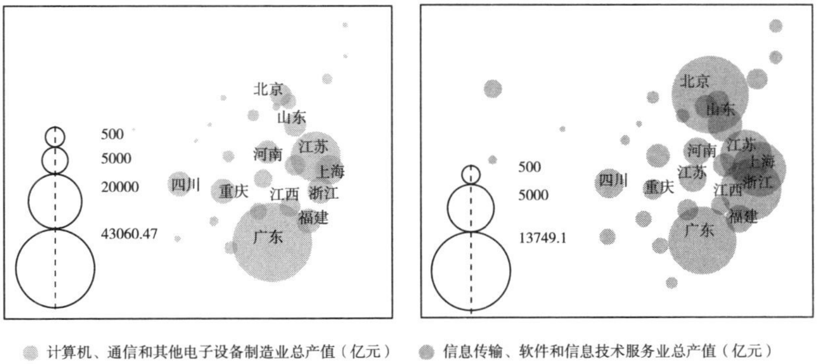

图 2-6　2020 中国 31 省（区、市）数字产业规模分布

产业指标：产业主体

全国各省（区、市）产业主体情况差距显著，数字经济企业资源分布不均，31 省（区、市）产业主体指标平均值为 21.4，仅有 10 省（市）高于均值，其中北京、广东、上海三地得分高于 80，大幅领先其他地区。

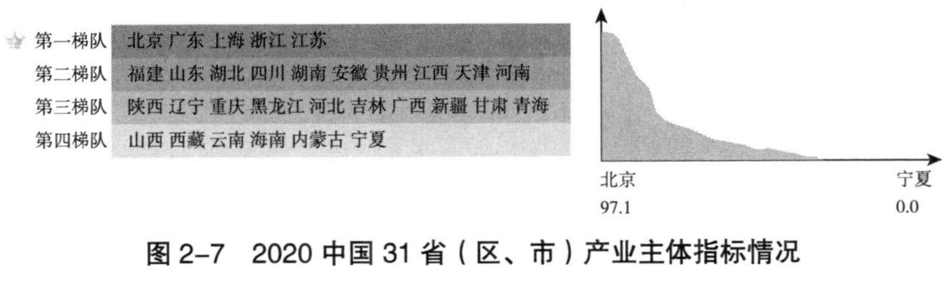

图 2-7　2020 中国 31 省（区、市）产业主体指标情况

■企业集聚效应显著　中西部地区实现突破

企业是数字经济生态打造的关键要素。图 2-8 直观地展示出各类数字经济企业的集聚分布特点。产业主体指标得分前 10 地区共聚集了 747 家 ICT 领域主板上市企业，占全国 ICT 领域主板上市企业总数的 88.1%；共拥有 92 家互联网百强企业，仅北京、上海、广东三地就占据了近七成的百强企业席位；共拥有 198 家独角兽企业，占全国独角兽企业数量超九成，其中 84.3% 集聚在前 5 地区。同时，近两年中西部地区发展速度加快，在数字经济企业领域成绩明显。河南、安徽等省份在 ICT 领域主板上市企业数量等方面有较快增长；从独角兽企业来看，2019 年全国独角兽企业均集中于前 10 地区，而今年贵州、江西、陕西等中西部省份均实现零的突破，中西部地区正全面发力，不断在产业主体培育方面增量提质。

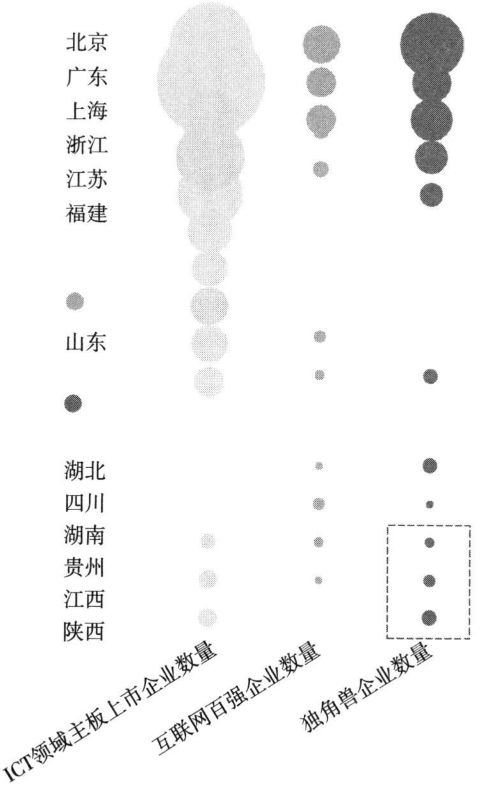

图 2-8　2020 产业主体指标 TOP10 地区企业主体情况

注：数据截至 2019 年 12 月

DEDI 指数：融合指标

01 融合指标：总体分析

从数字经济融合指标来看，浙江、江苏、广东连续两年位居前3；全国 31 个省（区、市）的数字经济融合指标平均值达到 30.1。其中，有 14 个地区指数值位于平均线以上，较 2019 年数量增加，表明在过去的一年我国数字经济融合发展水平有所提升，传统产业转型升级取得实质进展。

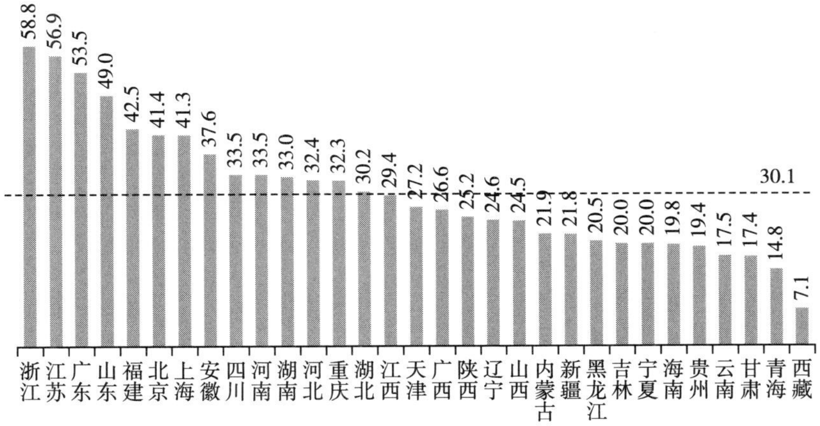

图 3-1　2020 中国 31 省（区、市）数字经济融合指标排名

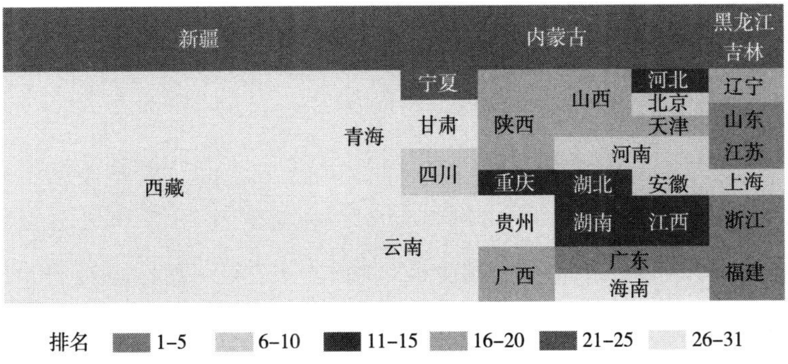

图 3-2　2020 中国 31 省（区、市）数字经济融合指标色阶图

■ 地域分布：东部地区溢出效应明显　发展势能逐渐从东南向西北渗透

数字经济融合指标的情况可以反映出各地区产业数字化发展水平。从整体来看，东部地区数字经济融合指标平均值达 42.3，位居全国前列；中部地区紧随其后，平均值达到 31.4；东北地区与西部地区相对落后，平均值分别为 21.7 和 21.6。东部地区产业数字化实力强劲，头部省（区、市）溢出效应较为明显，随着数字经济与实体经济的不断融合，东部地区的辐射范围逐渐向内陆腹地延伸，发展势能逐渐从东南向西北渗透。

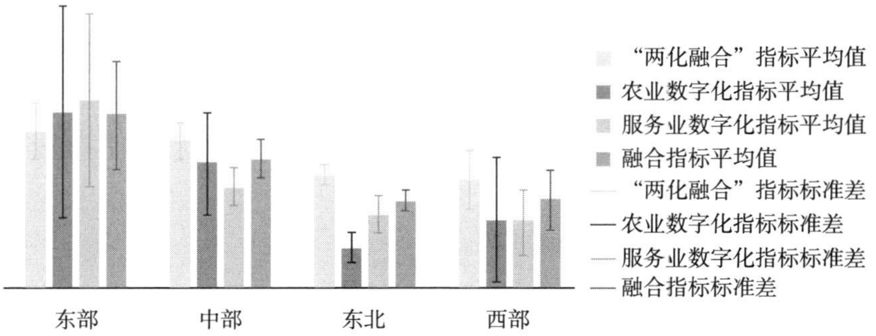

图 3-3　2020 中国四大地区数字经济融合指标情况

■ 指标特点：“两化融合”均衡发展服务业数字化或成中部破局关键点

数字经济融合指标主要包括两化融合、农业数字化和服务业数字化三大板块，全面衡量我国传统三产与数字经济的融合水平。从工业方面来看，东部地区与中部地区的两化融合平均值分别为 38.6 和 35.8，相差不大，差值为 2.8，分列第一、二名。而在农业数字化和服务业数字化方面，东部地区与中部地区的平均值差异较为明显，差值分别为 13.1 和 21.1。如此表明，中部地区在传统工业与数字经济的融合发展方面有较好的基础，应保持并提升；而在服务业数字化领域，中部地区则与东部地区差距较大，如何实现服务业数字化转型成为中部地区应该重点思考的问题。

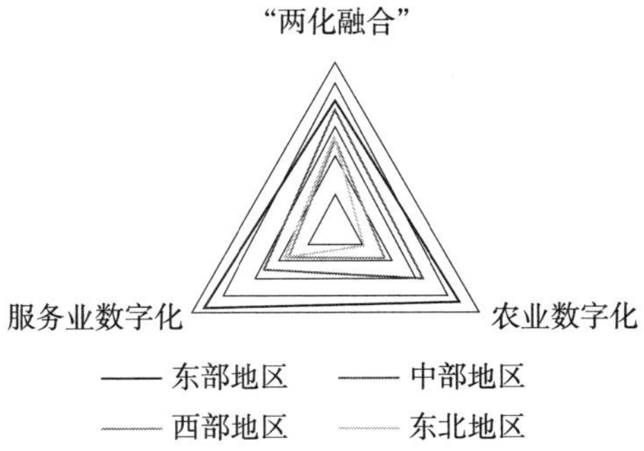

图 3–4　2020 中国四大地区数字经济融合指标雷达图

01 融合指标：工业和信息化融合

“两化融合”水平可以直观地反映工业数字化发展情况。2020 年我国“两化融合”指标平均值 32.2，近半数省（市、区）得分高于平均值，标准差为 8.1，整体发展水平较为均衡。其中江苏、福建、广东、安徽、浙江五省位居第一梯队，引领我国工业数字化进程。

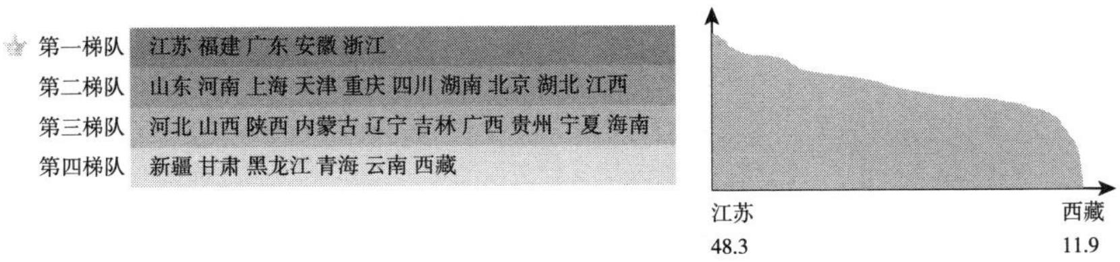

图 3–5　2020 中国各省（区、市）“两化融合”指标情况

■ 生产、销售领域数字化水平较高　研发设计等“深水区”转型空间巨大

生产设备数字化率、应用电商比例、关键工序数控化率三个指标得分各省（区、市）之间差异较小，且少有得分很低的省（区、市），说明在生产及销售领域，我国数字技术及设备的应用水平较为

均衡且成熟，奠定了工业数字化的坚实基础。相比之下，数字研发设计工具普及率、网络化协同企业比例指标的均衡性较差，部分省份得分很低，说明在数字研发设计（微笑曲线上游）、数字化协同（商业管理与协同）等工业数字化进程的深水区，企业转型空间巨大，我国工业领域高度数字化协同仍任重道远。同时，76% 的“两化融合”贯标企业集聚在江苏、广东、福建、安徽、河南、浙江、山东七省，各省（区、市）贯标企业数量分化明显。

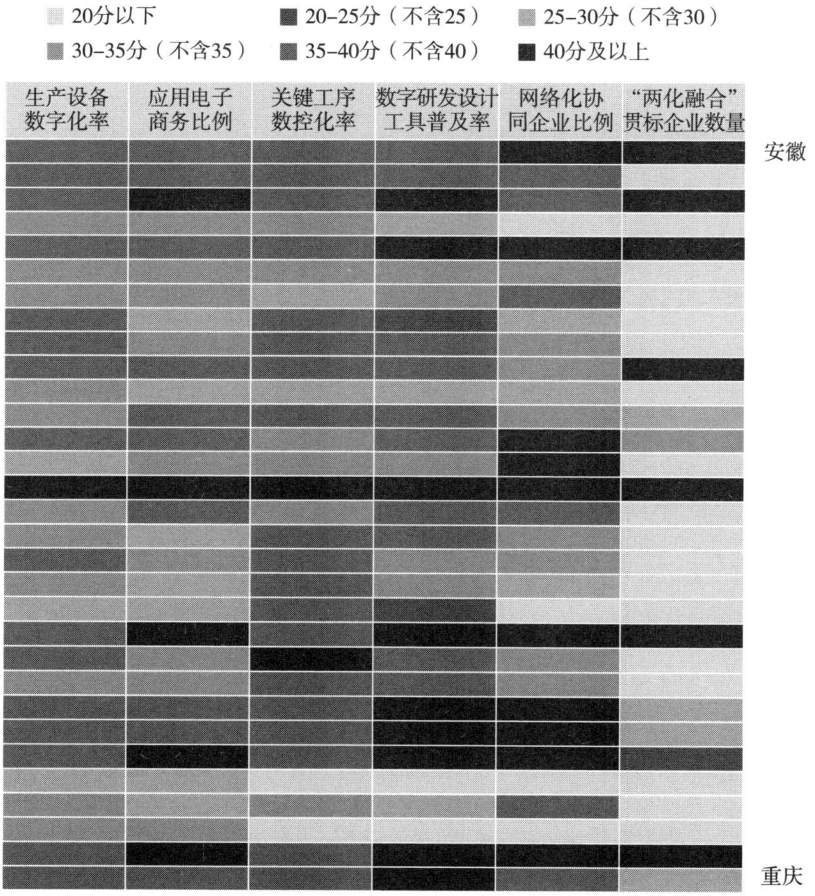

图 3–6　2020 中国 31 省（区、市）“两化融合”细分指标情况

02 融合指标：农业数字化

农业数字化是提升农业生产效率与经济效益的必由之路。全国31个省（区、市）的农业数字化指标平均值为26.6，浙江农业数字化水平远远高于其他地区，位居全国榜首。此外，全国农业数字化指标的标准差为22.0，整体来看我国农业数字化发展程度尚不充分，存在较大差异。

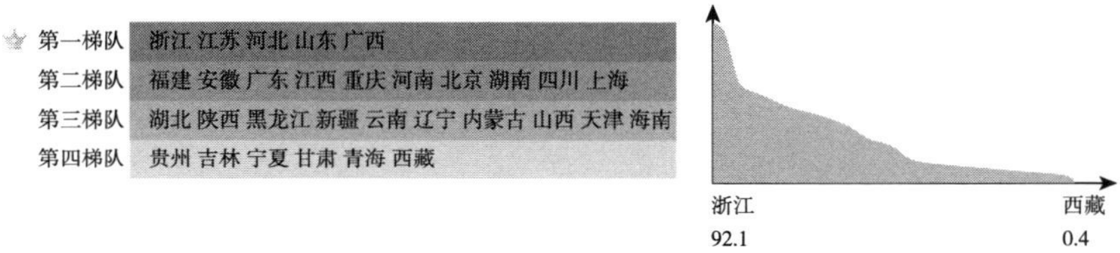

图 3–7 2020 中国 31 省（区、市）农业数字化指标情况

■九成淘宝村“扎堆”东部 农村电商成农业数字化重要抓手

目前我国淘宝村数量已逾5000个，广泛分布于28个省（区、市），农村电商成为数字技术带动农业农村产业兴旺的典型实践和重要抓手。全国淘宝村数量前5省份包括浙江、广东、江苏、山东、河北，全国超半数淘宝村集中在浙江和广东两省。相比东部地区淘宝村的“扎堆”，西北和东北地区淘宝村数据也有亮眼之处。中西部和东北地区淘宝村由2019年的172个，增加到341个，将近翻倍，加速追赶势头强劲。目前农村电商的潜力正在逐步释放，随着未来乡村供应链以及仓储物流、大数据等配套设施进一步完善，农村电商将迎来强势增长期。预计未来十年，我国淘宝村数量或将超过2万个，带动就业机会超2000万个。

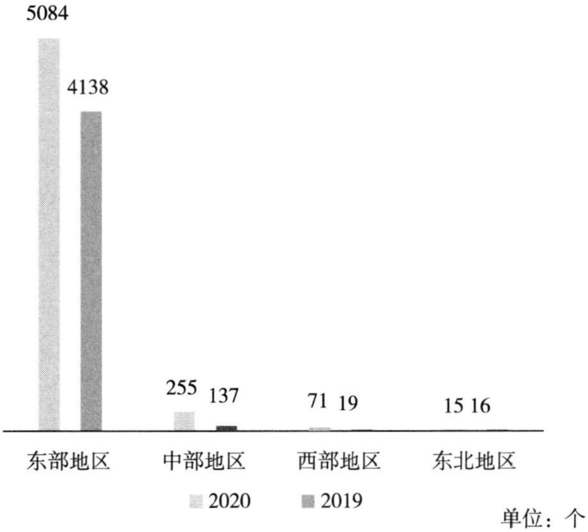

图 3-8　2020 中国 31 省（区、市）淘宝村数量分布

03 融合指标：服务业数字化

服务业数字化的发展将进一步释放产业红利，成为撬动经济发展的新动能。从整体来看，全国服务业数字化指标平均值 27.7，七成省（区、市）得分在均值以下，整体发展水平不高。广东、浙江、江苏、山东、北京、上海 6 省（市）势头强劲，大幅领先其他地区，服务业数字化指标排名在此之后出现断层。

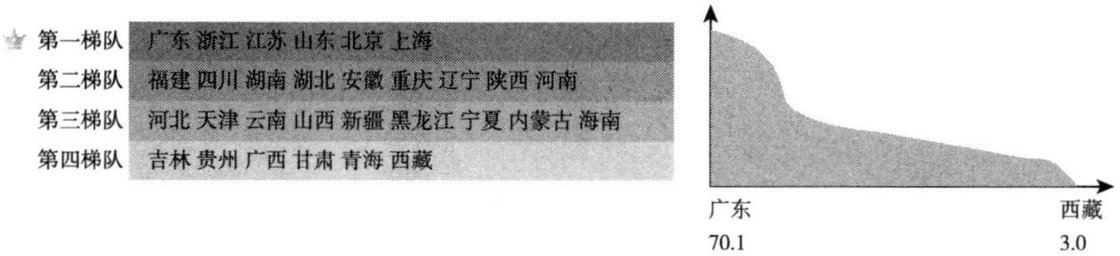

图 3-9　2020 中国 31 省（区、市）服务业数字化指标排名

■东部地区先发优势明显　智慧旅游或成中部发展突破点

综合来看，东部地区在服务业数字化各项分指标中均位居四大地区前列，西部地区服务业数字化转型进程最为滞后。从服务业数字化的细分指标来看，中部地区智慧景区指标得分反超东部地区，优质智慧景区数量位居四大地区之首，智慧景区建设工作起步较早，AI 导览助手、身高筛选、线上动态排队、未来热度预测等智慧应用广泛实践。未来，中部地区可以此为突破点，以数字技术应用提升游客体验、以旅游业发展带动服务业全方位转型升级，探索打造适合自身发展的服务业数字化之路。

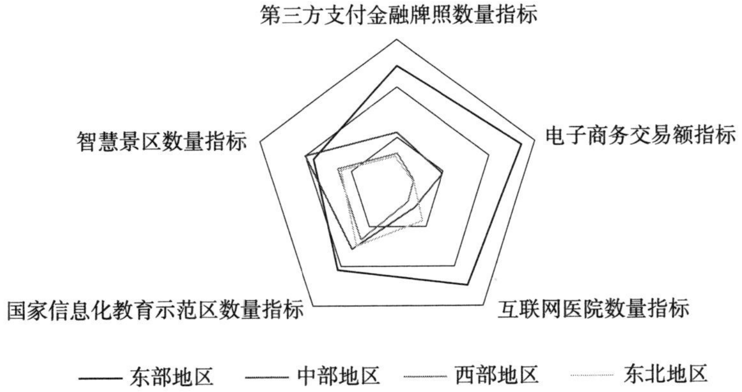

图 3-10　2020 中国四大地区服务业数字化指标雷达图

DEDI 指数：环境指标

环境指标：总体分析

从数字经济环境指标来看，广东、山东连续两年位列前五；全国数字经济环境指标平均值为 32.4，有 16 个地区得分位于平均线以上，较 2019 年数量有所增加，我国数字经济发展环境逐渐优化。总体来看，全国各省（区、市）数字经济环境发展水平差异较小，整体排名分值平缓下降。

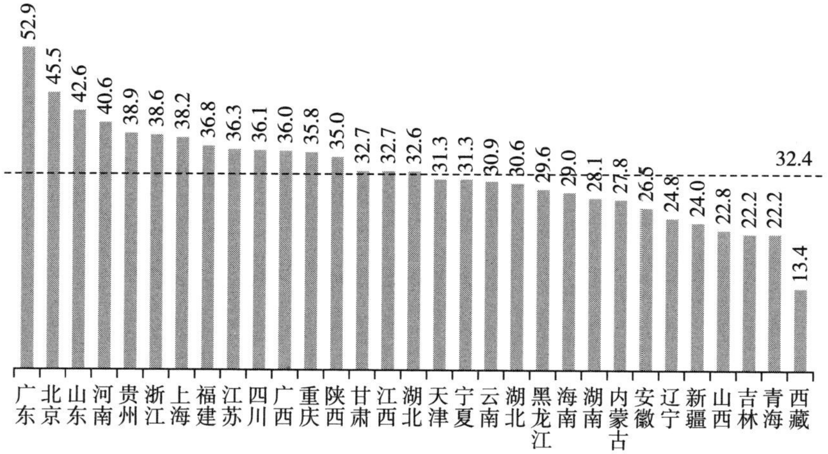

图 4-1　2020 中国 31 省（区、市）数字经济环境指标排名

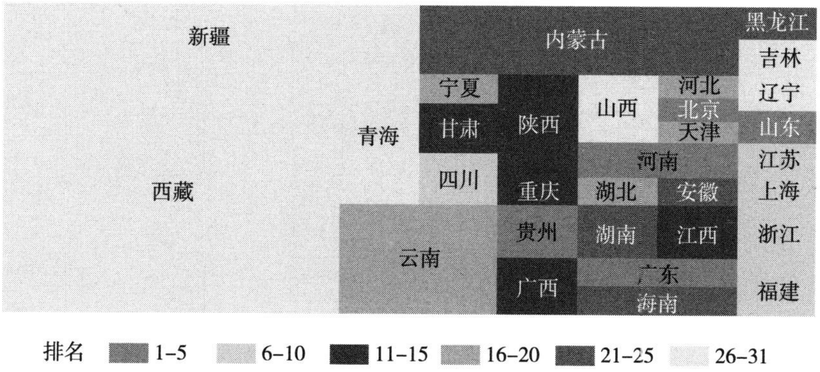

图 4-2　2020 中国 31 省（区、市）数字经济环境指标色阶图

■地域分布：区域差距逐渐缩小　东北地区仍需发力

从平均值来看，我国四大地区数字经济发展环境差距较小，东部地区一如既往地处于领先地位，东北地区数字经济发展环境水平相对较低，需要加强相关的投入、提升关注度。从标准差来看，各地区政务网上服务指标的标准差最小，各地发展较为均衡。这与国家大力推进“一网通办”、深入实施“互联网 + 政务服务”密不可分，是政府服务数字化转型进程持续推进的重要体现。

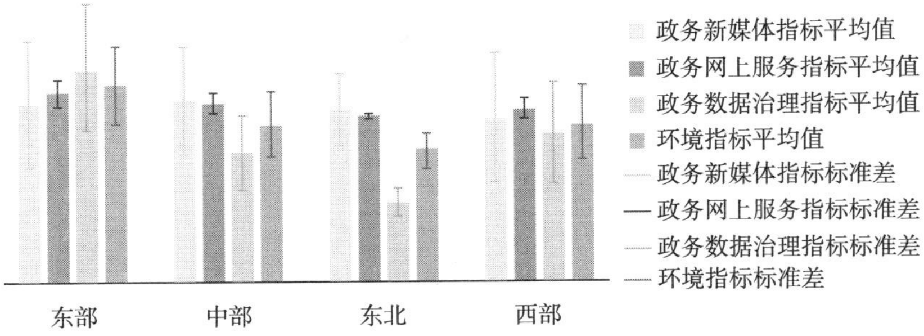

图 4–3　2020 中国四大地区数字经济环境指标情况

■指标特点：内陆地区后发势头强劲　有望打破沿海虹吸效应

广东、山东、浙江、上海、福建、江苏等沿海地区的数字环境指标得分仍较高，但内陆地区的后发势头不容小觑，河南、贵州位列数字环境指数前 5，前 15 名内陆省份占据 7 个席位，四川、重庆、陕西、甘肃、江西均在其列。内陆省份快速崛起，逐渐打破沿海地区营商环境优越、产业资源虹吸效应显著的局面，为内陆地区吸引、承接更多的优质数字经济资源落地埋下了伏笔。未来，随着数字经济发展阶段更加成熟，我国各地区数字经济发展环境差异性将会进一步缩小，数字经济发展水平的鸿沟或将逐渐弥合。

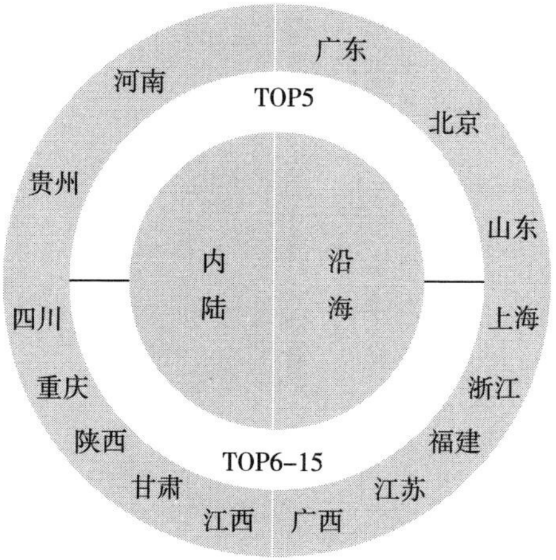

图 4–4　2020 中国 31 省（区、市）数字经济环境指标 TOP15

01 环境指标：政务新媒体

政务新媒体指标从政府网站数量缩减比例、政务机构微博数和政府头条号三个方面进行考量。从整体来看，全国 31 个省（区、市）的政务新媒体指标平均值达到 32.8，近半数省（区、市）处于平均水平左右。

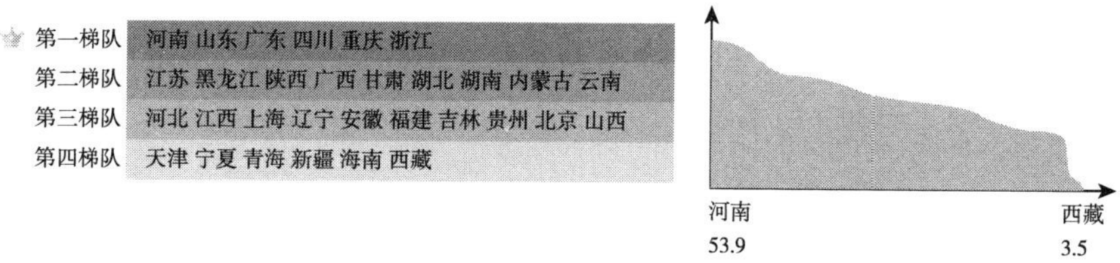

图 4–5　2020 中国 31 省（区、市）政务新媒体指标情况

■政府网站数量缩减成效良好　政务互动端建设差距较大

将政务新媒体三个三级指标分别归一化处理，按同一标准划分三个指标排名的头尾部，对头尾部数量（见图 4–6）进行比值分析。政府网站数量缩减比例指标头尾部省（区、市）数量比值为 2.5，经过近几年的发展，全国政府网站数量缩减成效较为明显，政府网站数

量从 2016 年的 46305 个，缩减为 2019 年底的 14474 个，集约化建设稳步推进。而政务机构微博数量和政务头条号指标的头尾部省份数量比值分别为 1.4 和 1.0，表明全国政务服务互动端建设水平整体仍需提升，且各省（区、市）之间仍存在较大差距，未来应注重对政务服务互动端建设的管理和规范。截至 2019 年 9 月底，我国 31 个省（区、市）均已开通政务机构微博和头条号，其中河南省各级政府开通微博数量全国最高，达 10185 个；山东省开通政务头条号数量最多，为 8325 个。

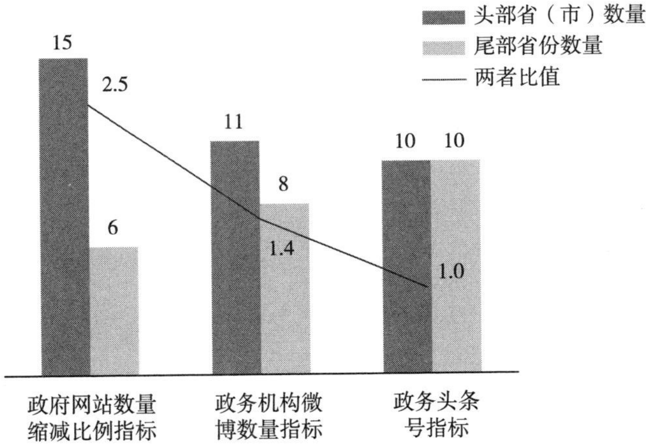

图 4-6　2020 中国 31 省（区、市）政务新媒体细分指标情况

02 环境指标：政务网上服务

政务网上服务反映政府的在线服务水平，主要从政府网上政务服务在线办理成熟度和在线服务成效度上对 31 个省（区、市）进行评估。从整体来看，全国政务网上服务指标平均值达到 34.5，平均水平以上的省（区、市）有 12 个。同时，全国各省（区、市）政务网上服务指标标准差为 2.5，头部广东与尾部陕西差值仅为 9.4，全国政务网上服务水平差距很小。

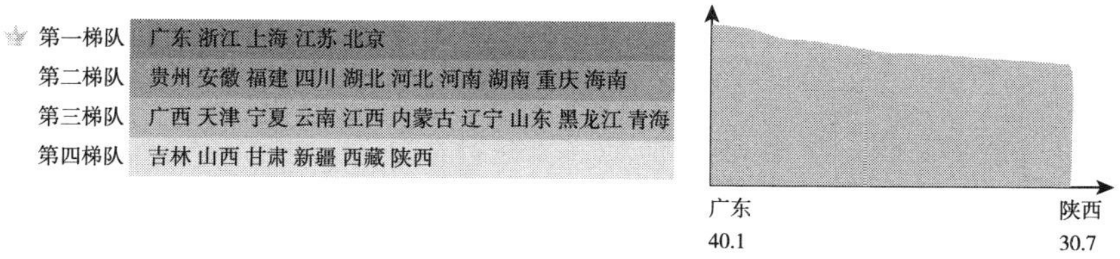

图 4-7　2020 中国 31 省（区、市）政务网上服务指标情况

■政务服务从“网上办”转向“指尖办”　集约化建设成方向

截至 2019 年 7 月，全国 31 个省（区、市）和新疆生产建设兵团已建设 31 个省级政务服务移动端，在各渠道发布的小程序已达到 21 个，覆盖 14 个地区，主要集中在东部地区。随着政务服务数字化进程的深入推进，“App+ 小程序”正在成为政务服务创新的标配与蓝海。数据显示，微信政务类公众号已达到 14 万个左右，约 3 万个政务小程序为微信用户提供服务，服务 9 亿多人。下一步，应注重集约化建设，做到统一数据源管理、统一运营管理，最终实现各地区政务服务门户、移动 App、政务服务小程序使用统一数据源，减少重复建设、重复上传和多级维护造成资源浪费。

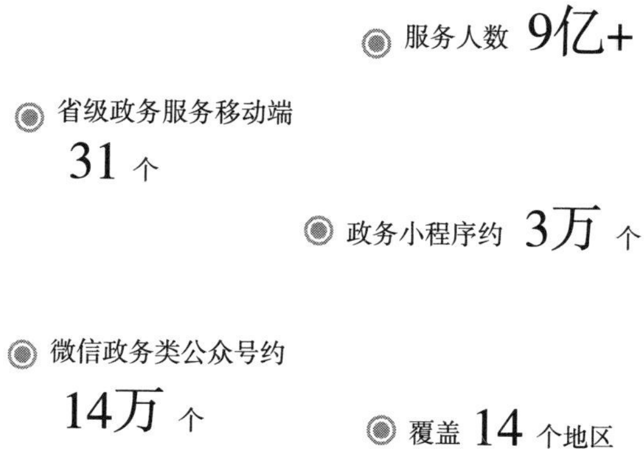

图 4-8　2020 中国 31 省（区、市）政务服务移动端情况

03 环境指标：政务数据治理

政务数据治理是实现国家治理体系和治理能力现代化的重要手

段。从整体来看，全国政务数据治理指标平均值达到 31.1。北京、广东两省（市）远超其他地区，起到引领带头作用。同时，山东、宁夏等 16 省（区、市）指标得分接近平均值，半数省份集中在腰部。

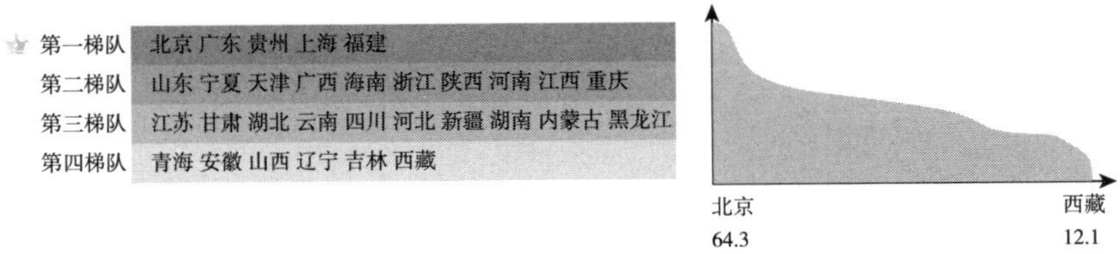

图 4–9　2020 中国 31 省（区、市）政务数据治理指标情况

■部分省份政务数据治理初现成效　三成省份仍处起步阶段

赛迪顾问对各地在数据治理工作中与企业及科研院所合作情况、产业发展支撑情况、舆论传播情况等进行衡量，结合政务数据治理指标得分，对全国各地的数据治理工作进行二维度综合评价。北京、广东、贵州等地政府近年来在政务数据治理方面投入了较多的关注，进行了相对系统的工作部署和建设实施，同时也与企业、研究机构进行了较多的互动，为产业发展创造了较好的营商环境，产生了较大的影响力。当前我国仍有三分之一的省（区、市）政务数据治理工作处于起步阶段，社会影响尚未凸显。

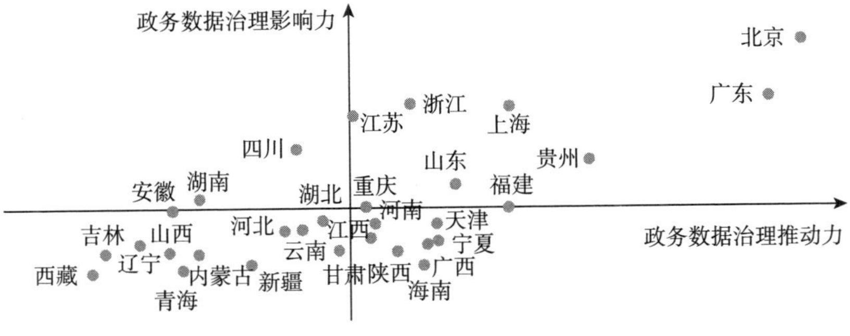

图 4–10　2020 中国 31 省（区、市）政务数据治理工作情况

附录二

媒体报道

2020
数字经济大会报告

2020 数字经济大会举办

由经济日报社、廊坊市政府共同主办的“2020 数字经济大会”19 日在河北省廊坊市成功举办。国内数字经济领域的权威专家、业界代表出席大会，围绕“数智赋能产业 创新引领未来”主题，发表真知灼见，深入对话讨论。大会同时发布《2020 中国数字经济发展指数》。

据统计，2019 年我国数字经济增加值达到 35.8 万亿元人民币，占 GDP 比重达到 36.2%。明年是“十四五”开局之年，数字经济无疑将成为我国在新发展格局中的重要力量。与会专家建议，我国正在推动形成以国内大循环为主体、国内国际双循环相互促进的新发展格局。加快推进数据产业等战略性新兴产业发展，有助于我国形成更多新的增长点、增长极。要抢抓新一轮科技和产业革命新机遇，加快推动数字技术产业化、传统产业数字化，以数字经济赋能双循环。通过数字技术，加快形成新的产业协作、资源配置和价值创造体系。

全国政协副秘书长、农工党中央副主席兼秘书长曲凤宏，国家信息化专家咨询委员会原常务副主任周宏仁，中国工程院院士谭建荣，中国互联网信息中心主任曾宇，中国科协常委、中国工业互联网研究院院长徐晓兰，中国通信企业协会会长苗建华等知名专家出席大会并发表主题演讲。经济日报社编委、中国经济趋势研究院院长孙世芳出席大会并致辞。

（刊于《经济日报》2020 年 9 月 20 日头版 经济日报记者：吴浩 周雷）

加快建设数字经济新高地

在京津冀数字经济发展版图中，河北省廊坊市颇为亮眼。

据介绍，廊坊市依托毗邻京津的独特区位优势，深入实施创新驱动发展战略，在数字经济发展中凝聚力量、抢抓机遇，数字产业化加速发展，产业数字化深入推进。

在 2020 数字经济大会召开前夕，经济日报记者来到廊坊采访调研，聚焦廊坊数字经济产业集群发展的生动实践，感知数字化转型为生产生活带来的新变化。

大数据产业迎来新机遇

在廊坊经济技术开发区，润泽国际信息港、中国联通华北基地、华为云数据中心等大数据企业毗邻而居，集云存储、云计算、云服务等于一体的大数据产业集群加速崛起。

廊坊发展大数据产业，可谓“十年磨一剑”。早在 2009 年，“大数据”概念还未广为人知之时，廊坊就率先引进了润泽国际信息港项目入驻廊坊开发区。如今，廊坊开发区已拥有机架数 5.47 万架，运行服务器 66.4 万台，成为河北省唯一的“大数据产业战略性新兴产业示范基地”。

“润泽入驻廊坊时经开区给了一些地，当时社会上有一些质疑声，担心他们用于搞房地产开发。这些年来，润泽数据存储业务越做越大，用实际行动作出了回应。”廊坊市工信局党组副书记、二级调研员杨德山说。

“润泽要靠坚守、坚持，持之以恒地做好大数据存储业务。”润泽科技发展有限公司董事长周超男称，预计2025年底，润泽国际信息港将全部建成并投入使用，成为全球单体规模最大的数据中心产业园区。

今年以来，以5G、数据中心为代表的新型基础设施建设进度不断加快。特别是新冠疫情期间，在线办公、视听娱乐、政企数字化等行业数据流量攀升，社会对数据中心的需求加大，很多企业都有扩容需求。廊坊的大数据产业也随之迎来了新的发展机遇，目前廊坊正不断提升基础设施水平和政务服务水平，积极引进大数据产业资源落户，促进产业集聚发展，打造数字经济“新名片”。

“廊坊市入统的大数据企业39家，去年实现主营业务收入242.3亿元。全市运营机架数超过6万架，服务器规模超过80万台，在建项目机架数超过10万架，位居河北省首位。”杨德山说，凭借已有的产业基础和良好的发展态势，廊坊的大数据产业还有更大的发展潜力。

新型显示产业“点亮”未来

随着5G、人工智能、云计算和物联网等信息技术快速发展，“万物皆显示”时代正在来临。在廊坊市固安县，汇聚了京东方、维信诺两大行业头部企业，新型显示产业发展强劲，“点亮”了廊坊数字经济发展新图景。

在维信诺所属的云谷（固安）科技有限公司展厅内，记者看到，AMOLED柔性屏在手机、运动手环、水杯、台历、音响等产品上都得到应用，屏幕色彩绚丽、成像清晰。“目前，中高端手机普遍使用AMOLED柔性屏。未来，柔性屏会在不同物体表面得到更广泛应用，满足消费者的个性化需求，也将推动电子信息制造业新一轮繁荣发展。”维信诺公关总监郑鹏远介绍说。

在头部企业带动下，30 多家新型显示上下游企业在固安集聚。作为 OLED 产业链上游关键原材料供应企业，北京鼎材科技有限公司也选择在固安“安家落户”。

“鼎材科技自主研发的 OLED 发光材料和光刻胶，打破了国外垄断，填补了国内空白。但在 OLED 发光材料领域，国产材料在整个市场上占比不到 5%，还有很大的发展空间。”北京鼎材科技有限公司董事长、总经理任雪艳表示，鼎材科技正在加快研发速度，力争生产出更多满足产业需要的发光材料，推动实现国产化替代，点亮中国智能终端的“梦想之屏”。

今年 3 月份，廊坊固安新型显示特色产业基地入选“国家火炬特色产业基地”。打造具有国际竞争力的“全链条、全要素、全生态”新型显示产业集群，力争到 2025 年产业规模达到 1000 亿元。

数字赋能让生活更精彩

在廊坊，数字技术与传统产业不断深度融合，产业数字化已经成为企业管理模式、生产方式创新的重要驱动力，也让百姓的生活变得更加美好。

在廊坊美印信息科技有限公司，传统的冲洗照片生产模式被数字化所颠覆。5 台惠普高清数码打印机“忙个不停”，设计精美的“相册书”只需几分钟就能制作完成。

“疫情期间，相册书订单不减反增，1 月份至 8 月份接单量超过 250 万单，实现销售收入 3000 万元。预计全年将实现销售收入超 6000 万元。”该公司负责人张磊说。

2017 年，从事传统商务图文服务的张磊，开始把目光转向民用数字影像打印服务领域。通过市场调研，他发现了个性化影像产品数字印刷这一市场“新蓝海”，下决心转型做个性化影像定制产品的开发。

“2019年5月份，美印个性化影像产品移动端定制系统开始运营，半年接单量达到270万单，实现销售收入3000万元。”张磊介绍说，公司专门设立了大数据处理运营中心，依托云存储技术及大数据，相册书的编辑、上传、下单、生产、物流发货等流程全部实现数字化，有效降低了和消费者之间的沟通成本，提高了生产效率。

当前，国内智能手机端的个性化影像定制市场正在启动，呈现“大众需求强劲，定制服务鲜为人知”的特征。把手机照片定制成为个性化影像产品的需求属于“类刚需”，能使美好画面便捷保存，满足大众精神层面的美好生活体验。“消费者自己制作，由单纯消费者变成了‘产消者’，满足了个性化需求。有些消费者每月都要下几单，甚至边旅游、边做相册、边下单。我们的产品获得了一大批忠实‘粉丝’。”张磊说。

在政务服务领域，数字化也让廊坊百姓获取政务服务变得便捷高效。

通过“互联网＋政府服务”、智慧政务、智慧环保、智慧医疗、天网工程一系列数字化民生工程建设，廊坊建成了智能化、人性化、一体化的在线政务服务平台。通过整合数据，实行“一次采集、一库管理、多方使用、即调即用”，市级421项政务服务事项全部实现网上申报，网上可办率100%。

“数字经济是新一轮科技革命和产业变革的重要方向，发展数字经济是顺应时代趋势、抢抓发展机遇的重大战略。廊坊要牢牢把握京津冀协同发展战略机遇，充分发挥数字经济的共享、供应、创新、赋能的特征，促进区域经济高质量发展，让百姓生活更加美好。”杨德山说。

（刊于《经济日报》2020年9月18日第8版 经济日报记者：吴浩 周雷）

数字经济重塑产业格局

由经济日报社、廊坊市人民政府共同主办的“2020 数字经济大会”9 月 19 日在河北省廊坊市举行。有关地方负责人、国内数字经济领域的权威专家、业界代表围绕“数智赋能产业 创新引领未来”主题，深入探讨交流、加强对接合作，为培育新动能、推动新发展建言献策。

抢抓发展机遇

数字经济作为引领未来的新经济形态，既是经济提质增效的新变量，又是经济转型发展的新蓝海。近年来，党中央、国务院高度重视发展数字经济，作出了一系列重要部署，各部门、各地方积极行动、主动作为。

“我国已成为名副其实的数字经济大国，未来必将成为全球数字化发展的引领者。”全国政协副秘书长、农工党中央副主席兼秘书长曲凤宏表示，在疫情防控常态化背景下，我国数字经济的优势进一步凸显，电子政务、远程办公、在线教育、在线医疗等各类线上服务呈现爆发式增长，展现出巨大发展潜力。

为拓展新蓝海，河北省紧抓京津冀协同发展、雄安新区规划建设、冬奥会筹办等重大历史机遇，加快建设数字经济强省。据河北省工业和信息化厅党组书记、厅长龚晓峰介绍，河北省全面推进数字产业化和产业数字化“双轮驱动”，2019 年，河北省数字经济规模近 1.1

万亿元，位居全国第 10 位，同比增长 15%，占 GDP 比重超过 31%。廊坊市也大力培育数字经济，电子信息产业规模居河北省首位。

“我们将进一步抢抓重大机遇，展开务实合作，推动数字经济高质量发展。”廊坊市委书记冯韶慧表示，廊坊市已建成润泽国际信息港等 4 个大型数据中心，运营机架数量超过 6 万架，成为京津冀数据存储高地和北方算力中心。

河北省数字经济联合会会长吴显国也指出，加强大数据产业创新应用领域的深度交流合作，是深化京津冀协同发展的重要方向，河北省将继续主动加强协同合作，有效实现京津冀三地大数据产业的优势互补。

筑牢“数字之基”

“欲筑室者，先治其基”。数字经济发展需要坚实的基础支撑。

“新基建既是数字经济发展的重要内容，也是数字经济的发展根基。”润泽科技发展有限公司董事长周超男认为，在新基建助推之下，我国将加快推进基于新一代信息技术的数字化转型，推动实现经济高质量发展。

河北省通信管理局党组书记、局长周景耀介绍说，5G 与 4G 相比，具有更高速率、更低时延、更广覆盖的特点。5G 峰值速率 10 倍于 4G，传输时延仅毫秒级，连接能力达百万级。5G 开启了万物广泛互联、人机深度交互的新时代。

据中国信息通信研究院测算，2020 年至 2025 年，5G 将拉动中国数字经济增长 15.2 万亿元；其中 5G 带动的信息产业增加值部分，预计增长3.3万亿元；5G 技术对其他产业贡献部分，预计增长11.9万亿元。

当前，5G 正进入商用关键时期，加快 5G 发展是统筹疫情防控和经济社会发展重要行动之一。有关专家建议，要把 5G 赋能数字经济新发展纳入“十四五”规划等相关政策文件中，把 5G 网络建设纳入各级政府国土空间规划，加大地方政策支持和落地实施，合力推进5G 建设发展各项工作。

中国互联网络信息中心主任曾宇指出，互联网基础资源是我国数字经济发展的重要基石。从长期看，要从微观、中观、宏观三个方面来加强互联网基础资源领域核心技术的突破，要尽快突破量子网络、卫星互联网核心技术，加快促进互联网基础资源政策生态、技术生态、产业生态的构建与协同发展。

提升融合水平

当前，数字经济深刻融入我国经济社会各领域，正成为推动经济发展质量变革、效率变革、动力变革的重要驱动力。

赛迪顾问发布的《2020 中国数字经济发展指数（DEDI）》显示，全国 31 个省份数字经济融合指标平均值 30.1。其中，14 个地区位于平均线以上，较 2019 年数量增加，表明我国数字经济融合发展水平有所提升，传统产业转型升级取得实质性进展。

“面向实体经济，提高融合发展能力。”赛迪集团总经理、赛迪顾问总裁秦海林建议，要深化大数据、人工智能等技术与实体经济融合发展，持续推进产业数字化、壮大融合产业，重塑生产方式、服务模式和组织形态，提升实体经济的发展韧性。

中国工业互联网研究院院长、中国电子学会副理事长兼秘书长徐晓兰给与会者带来这样一组数据：全球工业互联网平台市场规模预期年均复合增长率达 33.4%；2035 年，5G、人工智能、工业互联网预计将带动全球经济增长 30 万亿美元。

“工业互联网是促进企业数字化转型的重要突破口。”徐晓兰从三个方面进行阐释。

首先，优化存量，促进企业提质增效降本。积极推动工业互联网创新发展，广泛开展企业尤其是制造企业的数字化、网络化、智能化改造，帮助企业减少用工量和压缩运营成本，优化资源配置，大幅提升各环节的工作效率。

其次，做大增量，推动企业向价值链高端延伸。通过跨设备、跨系统、跨厂区、跨地区的全面互联互通，实现企业生产运营的多元资源优化和多维创新协同，从而推动生产制造服务体系的智能化升级和价值链拓展，带动技术高端化、产品高端化、装备高端化，面向柔性生产、敏捷响应、绿色运营等方向重构企业发展模式，催生个性化定制、网络化协同、服务化延伸等新业态。

再次，融通发展，激发企业培育形成新增长点。加快工业互联网创新发展步伐，跨行业、跨地域、跨时空实现创新资源的快速汇聚，促进各种要素资源的高效共享，推动先进制造业和现代服务业深度融合。

在中国政策科学研究会常务理事、教授白津夫看来，数字经济的发展，在重塑产业格局的同时，也在重构产业逻辑。比如，从竞争优势到“协同创造”，从规模经济到范围经济，从组织化管理到平台化管理，企业组织从层级化到网络化结构，从中心化向平台化转变，从做项目到做生态。

“面向数字时代，要形成新的产业发展逻辑，运用新的逻辑指导产业发展。”白津夫提醒企业界人士，数字时代不要重复工业时代的产业逻辑，否则走不通，也做不大。

（刊于《经济日报》2020年9月21日第6版 经济日报记者：曹红艳 周雷 吴浩）

2020年9月
星期日 20日
农历庚子年八月初四
第13579期(总14152期) 今日12版

经济日报

主流 权威 公信力

ECONOMIC DAILY

经济日报社出版 中国经济网网址：http://www.ce.cn

国内统一连续出版物号 CN 11-0014 代号1-68

习近平在基层代表座谈会上强调

把加强顶层设计和坚持问计于民统一起来 推动“十四五”规划编制符合人民所思所盼

新华社长沙9月19日电 中共中央总书记、国家主席、中央军委主席习近平9月17日上午在湖南省长沙市主持召开基层代表座谈会并发表重要讲话，听取基层干部群众代表对“十四五”规划编制的意见和建议。他强调，人民对美好生活的向往就是我们的奋斗目标。五年规划编制涉及经济社会发展方方面面，同人民群众生产生活息息相关，需要把加强顶层设计和坚持问计于民统一起来，鼓励广大人民群众和社会各界以各种方式建言献策，推动“十四五”规划编制符合人民意愿、符合人民所思所盼。

[illegible]

9月17日，中共中央总书记、国家主席、中央军委主席习近平在长沙主持召开基层代表座谈会并发表重要讲话，听取基层干部群众代表对“十四五”规划编制的意见和建议。 新华社记者 李学仁摄

习近平致信祝贺中国延安精神研究会第六次会员大会召开强调

坚持正确政治方向 服务党和国家工作大局 深入研究大力宣传认真践行延安精神

新华社北京9月19日电 中国延安精神研究会第六次会员大会9月19日在京召开，中共中央总书记、国家主席、中央军委主席习近平发来贺信，向大会的召开和研究会成立30周年表示热烈祝贺，向所有致力于弘扬延安精神的同志们致以诚挚问候。贺信全文如下：

值此中国延安精神研究会第六次会员大会召开和研究会成立30周年之际，谨向大会的召开表示热烈祝贺！向所有致力于弘扬延安精神的同志们致以诚挚问候！

延安是中国革命的圣地。老一辈革命家和老一代共产党人在延安时期培育形成的延安精神是我们党的宝贵精神财富。希望同志们在新的历史条件下，坚持正确政治方向、服务党和国家工作大局，深入研究、大力宣传、认真践行延安精神，努力为全面建成小康社会、乘势而上开启全面建设社会主义现代化国家新征程提供强大精神动力。

祝大会圆满成功！

习近平
2020年9月4日

中国延安精神研究会成立于1990年5月，以学习、研究、宣传延安精神为中心任务，30年来为弘扬延安精神作出了积极贡献。

2020数字经济大会举办

本报河北廊坊9月19日电 记者吴涛 周雷报道：由经济日报社、廊坊市政府共同主办的“2020数字经济大会”19日在河北省廊坊市成功举办。国内数字经济领域的权威专家、业界代表出席大会，围绕“数智赋能产业 创新引领未来”主题，发表真知灼见，深入对话讨论。大会同时发布《2020中国数字经济发展指数》。

据统计，2019年我国数字经济增加值达到35.8万亿元，占GDP比重达到36.2%。明年是“十四五”开局之年，数字经济无疑将成为我国在新发展格局中的重要力量。与会专家建议，我国正在推动形成以国内大循环为主体、国内国际双循环相互促进的新发展格局，加快推进数据产业等战略性新兴产业发展，有助于我国形成更多新的增长点、增长极。要抢抓新一轮科技和产业革命新机遇，加快推动数字技术产业化、传统产业数字化，以数字经济赋能双循环，通过数字技术，加快形成新的产业协作、资源配置和价值创造体系。

全国政协副秘书长、农工党中央副主席兼秘书长曲凤宏，国家信息化专家咨询委员会副常务副主任周宏仁，中国工程院院士邬江兴，中国互联网信息中心主任曾宇，中国科协常委、中国工业互联网研究院院长徐晓兰，中国通信企业协会会长苗建华等知名专家出席大会并发表主题演讲。经济日报社编委、中国经济趋势研究院院长孙世芳出席大会并致辞。

外企在华发展机遇只会越来越多

——一谈“坚定不移继续扩大开放”

袁 勇

近期以来，党中央多次强调提升科技自主创新能力，并不断推出相关政策举措。有观点认为，这意味着中国将逐渐降低对在华外企的需求，为中国市场贡献了大量先进技术成果的外企将逐渐失去发展机遇。这一观点大错特错！事实上，在华外企在中国市场的发展机遇非但不会减少，反而会越来越多。

中国提升科学自主创新能力，一方面源于经济进入高质量发展阶段等客观需求，另一方面是因为面对激烈的国际竞争以及单边主义、保护主义上升的大背景，中国必须走出属于自己的科技创新路子。伴随着中国科学自主创新能力不断提升，中国将以更加开放的姿态以及更加良好的科技创新基础条件，为外企提供更加广阔、更加优质的发展机遇。

当前，全球正掀起科技革命浪潮，企业面临着强烈的科技创新需求和紧迫性，中国市场可以成为外企提升科技创新能力和推动产业转型升级的重要支点。

从政策方向来看，中国扩大对外开放的决心没有变。越是面临封锁打压，越不能搞自我封闭、自我隔绝，而是要实施更加开放包容、互惠共享的国际科技合作战略。

中国拥有大量科技实力强、创新能力优的企业和科研机构，有能力、有意愿与外企在各领域进行创新合作，推动各方共同提升创新水平。近年来，外企与中国企业及科研机构进行创新合作的案例屡见不鲜。此外，中国在产业政策、投资政策等方面不断出台新举措，为外企在华发展创造了广阔空间。

中国市场对创新产品欢迎度高、适应性强，能够为外企的创新产品提供广阔的市场，推动外企创新成果快速落地，进而推广至全球市场。例如，宝马近日就在中国推出了首款国产纯电动汽车，宝马沈阳工厂将成为该款车的唯一生产地，生产的汽车将不仅投放中国市场，还将出口全球。

近年来，中国科技创新基础设施不断完善，创新人才不断涌现，在供给侧结构性改革、创新驱动发展战略等政策的推动下，中国产业链技术水平不断提升，有能力成为在华外企创新的重要源泉。

2019年中国高技术产业利用外资2660亿元，增长25.6%。在生物医药、汽车等领域，众多全球头部企业都在中国加大了研发创新布局力度。

除此之外，中国还具备庞大的市场潜力和良好的经济韧性，有助于外企在全球经济衰退之际稳定经营业绩，为企业持续创新奠定牢固基础。2019年，中国人均国民总收入上升至10410美元，最终消费支出对国内生产总值增长的贡献率为57.8%，显示出庞大的市场潜力。

今年中国经济克服疫情影响，二季度GDP实现3.2%的正增长，凸显出强大的韧性。中国经济的种种优秀特质，使其成为在华外企经营业绩的重要稳定器。上海美国商会的最新报告显示，尽管受到疫情影响，但是依然有32.5%的受访企业认为，其2020年在华营收将高于去年同期。

世界好，中国才能好；中国好，世界才更好。从多方面来看，外企在中国都将迎来数量更多、质量更优的发展机遇，中国也有能力、有意愿在外企发展壮大过程中发挥更大作用，创造更加良好的营商环境，推动双方实现互利共赢。

8　2020年9月18日　星期五　经济日报 ECONOMIC DAILY

2020数字经济大会 特别报道

河北省廊坊市：

加快建设数字经济新高地

经济日报·中国经济网记者　吴浩　周雷

在京津冀数字经济发展版图中，河北省廊坊市颇为亮眼。

据介绍，廊坊市依托毗邻京津的独特区位优势，深入实施创新驱动发展战略，在数字经济发展中凝聚力量、抢抓机遇，数字产业化加速发展，产业数字化深入推进。

在2020数字经济大会召开前夕，经济日报记者来到廊坊采访调研，聚焦廊坊数字经济产业集群发展的生动实践，感知数字化转型为生产生活带来的新变化。

大数据产业迎来新机遇

在廊坊经济技术开发区，润泽国际信息港、中国联通华北基地、华为云数据中心等大数据企业毗邻布局，集云存储、云计算、云服务等于一体的大数据产业集群加速崛起。

廊坊发展大数据产业，可谓"十年磨一剑"。早在2009年，"大数据"概念还未广为人知之时，廊坊就率先引进了润泽国际信息港项目入驻廊坊开发区。如今，廊坊开发区已拥有机架数5.47万架，运行服务器66.4万台，成为河北省唯一的"大数据产业战略性新兴产业示范基地"。

"润泽入驻廊坊经开区给了一些地，当时社会上有一些质疑声，担心他们用于搞房地产开发。这些年来，润泽数据存储业务越做越大，用实际行动作出了回应。"廊坊市工信局党组副书记、二级调研员杨德山说。

"润泽要靠坚守、紧跟，持之以恒地做好大数据存储业务。"润泽科技发展有限公司董事长周超男称，预计2025年底，润泽国际信息港将全部建成并投入使用，成为全球单体规模最大的数据中心产业园区。

今年以来，以5G、数据中心为代表的新型基础设施建设进度不断加快。特别是新冠肺炎疫情期间，在线办公、视听娱乐、政企数字化等行业数据流量攀升，社会对数据中心的需求加大，很多企业都有扩容需求。廊坊的大数据产业也随之迎来了新的发展机遇。目前廊坊正不断提升基础设施水平和政务服务水平，积极引进大数据产业资源落户，促进产业集聚发展，打造数字经济"新名片"。

"廊坊市入统的大数据企业39家，去年实现主营业务收入242.3亿元。全市运营机架数超过6万架，服务器规模超过80万台，在建项目机架数超过10万架，位居河北省首位。"杨德山说，凭借已有的产业基础和良好的发展态势，廊坊的大数据产业还有更大的发展潜力。

新型显示产业"点亮"未来

随着5G、人工智能、云计算和物联网等信息技术快速发展，"万物皆显示"时代正在来临。在廊坊市固安县，汇聚了京东方、维信诺两大行业头部企业，新型显示产业发展强劲，"点亮"了廊坊数字经济发展新图景。

在维信诺所属的云谷（固安）科技有限公司展厅内，记者看到，AMOLED柔性屏在手机、运动手环、水杯、台历、音响等产品上都得到应用，屏幕色彩绚丽、成像清晰。"目前，中高端手机普遍使用AMOLED柔性屏。未来，柔性屏会在不同物体表面得到更广泛应用，满足消费者的个性化需求，也将推动电子信息制造业新一轮繁荣发展。"维信诺公关总监郑鹏远介绍说。

在头部企业带动下，30多家新型显示上下游企业在固安聚集。作为OLED产业链上游关键原材料供应企业，北京鼎材科技有限公司也选择在固安"安家落户"。

"鼎材科技自主研发的OLED发光材料和光刻胶，打破了国外垄断，填补了国内空白。但在OLED发光材料领域，国产材料在整个市场上占比不到5%，还有很大的发展空间。"北京鼎材科技有限公司董事长、总经理任雪艳表示，鼎材科技正在加快研发速度，力争生产出更多满足产业需要的发光材料，推动实现国产化替代，点亮中国智能终端的"梦想之屏"。

今年3月份，廊坊固安新型显示特色产业基地入选"国家火炬特色产业基地"。打造具有国际竞争力的"全链条、全要素、全生态"新型显示产业集群，力争到2025年产业规模达到1000亿元。

数字赋能让生活更精彩

在廊坊，数字技术与传统产业不断深度融合，产业数字化已经成为企业管理模式、生产方式创新的重要驱动力，也让百姓的生活变得更加美好。

在廊坊美印信息科技有限公司，传统的冲洗照片生产模式被数字化所颠覆。5台高精度数码打印机"忙个不停"，设计精美的"相册书"只需几分钟就能制作完成。

"疫情期间，相册书订单不减反增，1月份至8月份接单量超过260万单，实现销售收入3000万元。预计全年将实现销售收入超6000万元。"该公司负责人张磊说。

2017年，从事传统商务图文服务的张磊，开始把目光转向使用数字影像打印服务领域。通过市场调研，他发现了个性化影像产品数字印刷这一市场"新蓝海"，下决心转型做个性化影像定制产品的开发。

"2019年5月份，美印个性化影像产品移动端定制系统开始运营，半年接单量达到270万单，实现销售收入3000万元。"张磊介绍说，公司专门设立了大数据处理运营中心，依托云存储技术及大数据，相册书的编辑、上传、下单、生产、物流发货等流程全部实现数字化，有效降低了和消费者之间的沟通成本，提高了生产效率。

当前，国内智能手机端的个性化影像定制市场正在启动，呈现"大众需求强劲、定制服务鲜为人知"的特征。把手机照片定制成为个性化影像产品的需求属于"费用端"，能使美好画面便捷保存，满足大众精神层面的美好生活体验。"消费者自己制作，由单纯消费者变成了'产消者'，满足了个性化需求。有些消费者每月都要下几单，甚至边旅游、边做相册、边下单。我们的产品获得了一大批忠实'粉丝'。"张磊说。

在政务服务领域，数字化也让廊坊百姓获取政务服务变得便捷高效。

通过"互联网+政府服务"、智慧政务、智慧环保、智慧医疗、天网工程一系列数字化民生工程建设，廊坊建成了智能化、人性化、一体化的在线政务服务平台。通过整合数据，实行"一次采集、一库管理、多方使用、协调应用"，市级421项政务服务事项全部实现网上申报，网上可办率100%。

"数字经济是新一轮科技革命和产业变革的重要方向，发展数字经济是顺应时代趋势、抢抓发展机遇的重大战略。廊坊要牢牢把握京津冀协同发展战略机遇，充分发挥数字经济的共享、供应、创新、赋能的特征，促进区域经济高质量发展，让百姓生活更加美好。"杨德山说。

数字经济赋能高质量发展

2019年我国数字经济增加值规模达 35.8万亿元

占GDP比重达 36.2%

数字经济增速高于同期GDP名义增速 约7.85个百分点

在国民经济中的地位进一步凸显

廊坊市入统的大数据企业39家，去年实现主营业务收入 242.3亿元

全市运营机架数……超过6万架

服务器规模……超过80万台

在建项目机架数……超过10万架

位居河北省首位

目前廊坊市省级科技型中小企业达 7911家

市级以上创新研发平台总数达 640家

『创新之火』渐成燎原之势

漫谈

□ 文丽

新冠肺炎疫情期间，远程办公、互联网零售、在线教育逆势增长，大数据、云计算、人工智能在疫情防控、复工复产"双线作战"中表现抢眼，让大众更为真切地感知到，数字经济具有的强大韧性和勃勃生机。笔者在河北廊坊市调研发现，数据中心、5G等新基建建设如火如荼，加快数字变革、发展数字经济的观念深入人心。

创新是引领发展的第一动力。数字经济作为引领未来的新经济形态，既是经济提质增效的新变量，又是经济转型发展的新蓝海。近年来，党中央、国务院高度重视发展数字经济，作出了一系列重要部署，各部门、各地方积极行动、主动作为，数字经济发展蓝图一步一步变成现实。

国内研究机构日前发布的《中国数字经济发展白皮书（2020年）》显示，2019年我国数字经济增加值规模达35.8万亿元，占GDP比重达36.2%，数字经济增速高于同期GDP名义增速约7.85个百分点，在国民经济中的地位进一步凸显。

当前，数字经济深刻融入我国经济社会各领域，正成为推动经济发展质量变革、效率变革、动力变革的重要驱动力。从廊坊的实践看，经过持续的努力，大数据等产业从无到有，由小变大，进而带动了数字经济的整体发展。这背后，有京津冀协同发展战略带来的重大利好，资源要素得以在更大范围优化配置；有市场主体的开拓进取，新兴业务的"星星之火"渐成燎原之势；有地方政府的担当作为，为产业企业创新发展营造良好环境。正是"有效市场"和"有为政府"相结合，廊坊抓住了机遇，以点带面，"双轮驱动"，数字经济提速发展，区域发展新动能不断增强。

研究表明，数字化程度每提高10%，人均GDP将增长0.5%至0.62%。当前，我国经济发展正处于攻坚克难阶段，无论是推进高质量发展，还是稳住下行压力做好"六稳""六保"工作，都需要数字经济提供强有力的支撑。而疫情的倒逼，也在一定程度上激发了数字经济发展的内生动力。在此情况下，有关各方更应发扬改革创新精神，紧紧把握难得机遇，砥砺奋进，善作善成，努力开创数字经济发展新局面。

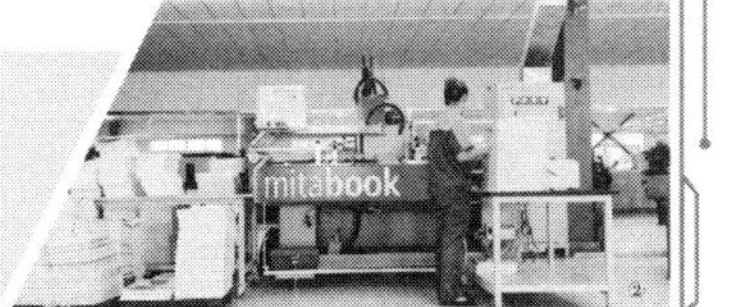

数字经济快车可以这样搭

本报记者　周雷　吴浩

发展数字经济，就是拓展新蓝海。

今年以来，很多企业都受到了新冠肺炎疫情冲击，但廊坊市大数据存储服务企业顶住压力，实现了逆势增长。上半年完成营业收入10.9亿元，同比增长27.6%；利润总额2.7亿元，同比增长26.5%。

数字引领变革。廊坊市抢抓机遇，为做大做强数字经济，主动作为，采取了多方面举措。

首先，强化服务保障。廊坊市推进大数据产业发展工作领导小组、廊坊市"大智移云"发展领导小组先后成立，统筹推进数字产业发展。同时，廊坊市还设立新型显示产业发展基金等多项发展基金，总规模147亿元，以基金撬动社会资本支持数字经济发展。

其次，强化科技引领。廊坊市强力推进京南国家科技成果转移转化示范区、京津冀大数据综合试验区等国家级创新平台建设；加强同高等院校、科研院所和创新团队的对接协作。目前，廊坊市省级科技型中小企业达7911家，市级以上创新研发平台总数达640家。

同时，注重引智并举。廊坊市30余次赴京津地区、珠三角等地招商对接，成功引进京东跨境电商保税区北方中央仓等一批重大项目。目前，廊坊数字经济产业正加速聚集。

"面向'十四五'，廊坊市将继续聚焦数字产业化、产业数字化，扎实推进数字经济建设。"廊坊市工信局党组副书记、二级调研员杨德山说，廊坊市将全力以赴抓项目抓布局。推动新型基础设施项目建设，推动新基建与场景创新深度融合，加快布局人工智能、工业互联网、网络安全等产业，稳步推进城市大脑建设。

据介绍，抓好产业链建设、产业集群升级也被廊坊市列为下一步的工作重点。在大力扶持产业链方面，将推进重点项目建设，实现强链；依托现有产业基础扩大招商，实现补链；促进本地企业配套，实现延链。

在推进产业集群提档升级方面，以廊坊市固安县电子信息（新型显示）产业集群、三河市电子信息产业集群和廊坊开发区大数据产业集群为培育重点，招引龙头企业，培育隐形冠军，孵化小微企业，重点发展新型显示、通信导航、电子原材料和零部件、关键元器件、软件与信息服务等产业。持续为集群企业提质增效注入技术支撑，加快企业智能化、数字化、服务化转型。

工惠驿家：

用智慧服务卡车司机

本报记者　欧阳梦云

在我国，卡车司机超3000万人。他们常年奔波在路上，具有长期流动、高度分散等特点。如何帮助他们降低劳动强度，增加劳动收入，改善劳动条件？通过数字技术为公路货运行业赋能，为破解上述难题提供了新的思路。

中工服工惠驿家信息服务有限公司总裁孙昊介绍，通过建设大数据应用创新基地，不仅能为卡车司机提供普惠性、常态性、精准性服务，还能为物流货运行业良性发展提供综合性大数据支撑。

据介绍，工惠驿家打造了线上智慧运控平台，运用车联网及大数据技术，对注册车辆进行状态监测及实时调度，帮助卡车司机获取运输信息及反馈信息。

同时，工惠驿家辅助驾驶平台还根据每位司机的驾驶习惯，向使用者提供定制化驾驶提醒、路况播报、安全驾驶、疲劳提醒、天气提醒、车况播报、紧急救援等服务。

"在线下，工惠驿家正在全国布局智惠产业创新城，努力为卡车司机打造温馨的'家'。"孙昊表示，该公司在河北、重庆、江苏、甘肃、湖南、浙江等地，都布局有工惠驿家及智惠产业创新城项目。工惠驿家以服务卡车司机为初心，智惠产业创新城以集约化共享为基础，通过智惠新仓网这一创新平台，使生产端与消费端高效衔接，不仅让流通环节成本大幅降低，还让企业及消费者共同受益。

图① 工作人员正在廊坊市固安鼎材科技有限公司实验室工作。（资料图片）

图② 廊坊市美印信息科技有限公司的生产车间。（资料图片）

图③ 正在建设中的润泽科技发展有限公司数据中心。本报记者 吴浩摄

6 2020年9月21日 星期一 经济日报 ECONOMIC DAILY

2020数字经济大会 特别报道

数字经济重塑产业格局

经济日报·中国经济网记者 曾红艳 周 雷 吴 浩

由经济日报社、廊坊市人民政府共同主办的"2020数字经济大会"9月19日在河北省廊坊市举行。有关地方负责人、国内数字经济领域的权威专家、业界代表围绕"数智赋能产业 创新引领未来"主题，深入探讨交流、加强对接合作，为培育新动能、推动新发展建言献策。

抢抓发展机遇

数字经济作为引领未来的新经济形态，既是经济提质增效的新变量，又是经济转型发展的新蓝海。近年来，党中央、国务院高度重视发展数字经济，作出了一系列重要部署，各部门、各地方积极行动、主动作为。

"我国已成为名副其实的数字经济大国，未来必将成为全球数字化发展的引领者。"全国政协副秘书长、农工党中央副主席兼秘书长曲凤宏表示，在疫情防控常态化背景下，我国数字经济的优势进一步凸显，电子政务、远程办公、在线教育、在线医疗等各类线上服务呈现爆发式增长，展现出巨大发展潜力。

为拓展新蓝海，河北省紧抓京津冀协同发展、雄安新区规划建设、冬奥会筹办等重大历史机遇，加快建设数字经济强省。据河北省工业和信息化厅党组书记、厅长龚晓峰介绍，河北省全面推进数字产业化和产业数字化"双轮驱动"，2019年，河北省数字经济规模近1.1万亿元，位居全国第10位，同比增长15%，占GDP比重超过31%。廊坊市也大力培育数字经济，电子信息产业规模居河北省首位。

"我们将进一步抢抓重大机遇，展开务实合作，推动数字经济高质量发展。"廊坊市委书记冯韶慧表示，廊坊市已建成润泽国际信息港等4个大型数据中心，运营机架数量超过6万架，成为京津冀数据存储高地和北方算力中心。

河北省数字经济联合会会长吴朝国也指出，加强大数据产业创新应用领域的深度交流合作，是深化京津冀协同发展的重要方向，河北省将继续主动加强协同合作，有效实现京津冀三地大数据产业的优势互补。

筑牢"数字之基"

"欲筑室者，先治其基"。数字经济发展需要坚实的基础支撑。

"新基建既是数字经济发展的重要内容，也是数字经济的发展根基。"润泽科技发展有限公司董事长周超男认为，在新基建助推之下，我国将加快推进基于新一代信息技术的数字化转型，推动实现经济高质量发展。

"5G是支撑垂直行业数字化、网络化、智能化转型的关键新型基础设施。"中国无线电协会副理事长兼秘书长、工业和信息化部通信科技委常委李国斌说，5G的技术特点和应用场景使其成为数字经济发展的重要引擎。

河北省通信管理局党组书记、局长周景毅介绍说，5G与4G相比，具有更高速率、更低时延、更广覆盖的特点。5G峰值速率10倍于4G，传输时延仅毫秒级，连接能力达百万级。5G开启了万物广泛互联、人机深度交互的新时代。

据中国信息通信研究院测算，2020年至2025年，5G将拉动中国数字经济增长15.2万亿元；其中5G带动的信息产业增加值部分，预计增长3.3万亿元；5G技术对其他产业贡献部分，预计增长11.9万亿元。

当前，5G正进入商用关键时期，加快5G发展是统筹疫情防控和经济社会发展重要行动之一。有关专家建议，要把5G赋能数字经济新发展纳入"十四五"规划等相关政策文件中，把5G网络建设纳入各级政府国土空间规划，加大地方政策支持和落地实施，合力推进5G建设发展各项工作。

中国互联网络信息中心主任曾宇指出，互联网基础资源是我国数字经济发展的重要基石。从长期看，要从微观、中观、宏观三个方面来加强互联网基础资源领域核心技术的突破，要尽快突破量子网络、卫星互联网核心技术，加快促进互联网基础资源政策生态、技术生态、产业生态的构建与协同发展。

提升融合水平

当前，数字经济深度融入我国经济社会各领域，正成为推动经济发展质量变革、效率变革、动力变革的重要驱动力。

赛迪顾问发布的《2020中国数字经济发展指数（DEDI）》显示，全国31个省份数字经济融合指标平均值30.1，其中，14个地区位于平均线以上，较2019年数量增加，表明我国数字经济融合发展水平有所提升，传统产业转型升级取得实质性进展。

"面向实体经济，提高融合发展能力。"赛迪集团总经理、赛迪顾问总裁秦海林建议，要深化大数据、人工智能等技术与实体经济融合发展，持续推进产业数字化、壮大融合产业，重塑生产方式、服务模式和组织形态，提升实体经济的发展韧性。

中国工业互联网研究院院长、中国电子学会副理事长兼秘书长徐晓兰给与会者带来这样一组数据：全球工业互联网平台市场规模预期年均复合增长率达33.4%；2025年，5G、人工智能、工业互联网预计将带动全球经济增长30万亿美元。

"工业互联网是促进企业数字化转型的重要突破口。"徐晓兰从三个方面进行阐释。

首先，优化存量，促进企业提质增效降本，积极推动工业互联网创新发展，广泛开展企业尤其是制造企业的数字化、网络化、智能化改造，帮助企业减少用工量和压降运营成本、优化资源配置，大幅提升各环节的工作效率。

其次，做大增量，推动企业向价值链高端延伸。通过跨设备、跨系统、跨厂区、跨地区的全面互联互通，实现企业生产运营的多元资源优化和多维创新协同，从而推动生产制造服务体系的智能化升级和价值链拓展，带动技术高端化、产品高端化、装备高端化，面向柔性生产、敏捷响应、绿色运营等方向重构企业发展模式，催生个性化定制、网络化协同、服务化延伸等新业态。

再次，融通发展，激发企业培育形成新增长点。加快工业互联网创新发展步伐，跨行业、跨地域、跨时空实现创新资源的快速汇集，促进各种要素资源的高效共享，推动先进制造业和现代服务业深度融合。

在中国政策科学研究会常务理事、教授白津夫看来，数字经济的发展，在重塑产业格局的同时，也在重构产业逻辑。比如，从竞争优势到"协同创造"，从规模经济到范围经济，从组织化管理到平台化管理，企业组织从层级化到网络化结构，从中心化向平台化转变，从做项目到做生态。

"面向数字时代，要形成新的产业发展逻辑，运用新的逻辑指导产业发展。"白津夫提醒企业界人士，数字时代不要固守工业时代的产业逻辑，否则走不远，也做不大。

观点集锦

中国工程院院士谭建荣：

数字经济要打好技术基础

要搞数字经济必须要打好技术基础，没有坚强的技术基础，数字经济就成为了空中楼阁。

新一代信息技术有四个特征：一是由互联网技术发展到物联网技术，二是由虚拟现实技术发展到增强现实技术，三是由网格计算技术发展到云计算技术，四是由机器学习技术发展到深度学习技术。在这些技术基础上，产生了几个典型的交叉领域，例如智能制造、混合现实、大数据、人工智能等。发展数字经济，重点要把这些技术研究好、应用好、发展好。

（本报记者 曾红艳整理）

中国通信企业协会会长苗建华：

建数据中心须避免重复投资

5G和数据中心是数字经济基础中的基础，是新基建的"底座"。数据中心产业应从服务国家数字经济战略的高度，通过创新转型，努力建设技术先进、管理科学、安全可靠、绿色环保的新型大数据中心。

一要以市场应用需求为引领，统筹行业和区域布局，做好顶层规划设计，避免重复投资、盲目建设。二要加大技术创新力度，重视产品创新和服务创新，加强绿色节能技术和设备的创新与使用，满足数据中心的集约化经营和绿色节能要求。三要从网络信息安全、数据资源安全、生产运营安全等方面高度重视数据中心的安全管理工作。四要自觉加强行业自律，做到用户为根、服务为本、有序竞争、合作共赢，携手打造数据中心健康产业链，为新基建建设、数字经济发展奠定牢固的基石。

（本报记者 秦 悦整理）

数字化让服务更普惠更优质

本报记者 吴 浩 周 雷

9月19日，在2020数字经济大会"数智产业创新应用论坛"的对话环节，专家、企业家将话题聚焦在如何加快推进产业数字化、网络化、智能化转型，推动我国数字经济向纵深方向发展等方面。

中国通信企业协会云数据专业委员会秘书长焦宏表示，今年疫情期间，无人配送、在线消费等新兴产业展现出强大的成长潜力，有效促进了消费回补和潜力释放。要加快推动数字技术的创新应用，推动数字经济与实体经济融合发展，促进传统产业数字化转型。

"数字化转型最关键的是要利用数字技术跨界、融合、共享、生态的新特点，对企业进行改造。"中国人民大学中国企业创新发展研究中心主任、数字经济产业创新研究院院长姚建明认为，数字化转型的最终目的是要用数字经济发展赋能社会综合发展，实现惠工、惠农、惠民、惠企。

"我国面临发达国家高端产业回流、低端产业向第三世界迁移等众多挑战，加速各行业的数字化、网络化、智能化转型，提升我国各类产品和各个行业全球竞争力十分紧迫。"中国无线电协会副理事长兼秘书长、工业和信息化部通信科技委常委李国斌说。

"数字化转型正改变我们的产品和生产方式。"戴姆勒卡客车（中国）有限公司首席执行官科恩茨表示，从戴姆勒卡车的生产来说，高度互联的工厂使得汽车生产更加智能化。从产品层面而言，自动驾驶是汽车数字化转型的趋势之一，5G网络、人工智能等数字技术的发展是自动驾驶技术得以实现的基石。

"人工智能的应用促进了生产效率的提升。"华为计算战略与业务发展部计算产业发展专家李晓蕾举例称，南方电网的巡检以前主要靠人工，比较危险。通过华为Atlas人工智能计算平台的解决方案，把摄像机布到电网上，实现了机器自动巡检，作业效率提升了5倍，成本降低了30%。

金融业也在朝着数字化方向发展。北银金融租赁公司总裁刘健认为，数字金融改变了传统金融服务实体的方式和手段，数字化的应用有效降低了金融机构的交易成本和人员配置成本，提升了风险控制能力和内部运转效能，促使金融机构服务实体的触角更远，服务实体的质量更优。

"数字经济更重要的作用在于挖掘普通老百姓对数字的应用需求，让物联网、人工智能、大数据等的数字服务更具普惠性。"万源企业董事长、智慧村医系统大数据平台创始人张晓松介绍说，智慧村医工程实施3年多来，为农村百姓提供血压、血氧、心电、心跳等日常监测，形成包括远程问诊、处方问诊、家庭随访、中医理疗等图文健康大数据，在填平农村数字鸿沟方面发挥着重要作用。

智惠新仓购：

智字引领 惠字为本

本报记者 欧阳梦云

"用微信扫一扫每件商品上的二维码，就能实现可追溯，让消费者放心购买。"智惠新仓购（廊坊）电子商务有限公司董事长何海东介绍说，智惠新仓购建成了"国家物联网标识管理和公共服务平台"物流商贸节点，将实现所有产品信息的可追溯。

2020数字经济大会期间，智惠新仓购对全国各地的特色产品进行了展示推介。色彩鲜艳、制作精美的景泰蓝产品吸引了参会者的目光。"景泰蓝有600多年的文化历史，历史上景泰蓝工匠多集中于大厂一带，造就了景泰蓝工艺的传承发扬和创新发展。"河北省大厂县京东工艺品有限公司销售部经理孔丽丽告诉记者，在智惠新仓购进行产品展示，就是希望通过线上、线下的方式，让更多人了解非遗文化，让景泰蓝进入寻常百姓家。

"全国有10多个省份，20多个县的产品首次在智惠新仓购进行展示。我们希望通过'一县三品'遴选机制，让各地优中选优，每个县精选3个产品进行展销，让更多富有地域特色、产品质量过硬的产品进入智惠新仓购，带动各地农特产品销售，推动县域经济发展和百姓致富。"何海东说。

"智惠新仓购坚持智字引领，惠字为本，为企业提供高效的数智贸易共享平台，实现惠民、惠企双重目标。"何海东表示，通过综合利用大数据、物联网等新一代信息技术，智惠新仓购着力探索场景体验、线上下单、产地发货的数字化流通方式，搭建仓播带货、AR导购、创意设计等沉浸式购物环境。通过严把质检关，为消费者甄选出安全可靠、质优价廉的产品，扩大名牌产品消费量，推动消费升级。

图① 图为位于河北廊坊市的智惠新仓购。本报记者 吴 浩摄

图② 来自全国各地的150余位嘉宾出席2020数字经济大会。图为参会嘉宾认真聆听大会主题演讲。（资料图片）

图③ 图为数字经济大会举办地——京津冀大数据感知体验中心。（资料图片）

后记

《2020 数字经济大会报告》由经济日报社中国经济趋势研究院和润泽科技发展有限公司联合策划、组织和编撰，是 2020 数字经济大会的成果之一，并纳入经济日报社中国经济趋势研究院·中经智库系列丛书。关注数字经济发展、聚焦理论前沿、推广创新应用，是本书编撰的宗旨之一。

“十四五”时期，我国将加快数字化发展。《中共中央关于制定国民经济和社会发展第十四个五年规划和二〇三五年远景目标的建议》明确提出，发展数字经济，推进数字产业化和产业数字化，推动数字经济和实体经济深度融合，打造具有国际竞争力的数字产业集群。加强数字社会、数字政府建设，提升公共服务、社会治理等数字化智能化水平。

本书的编撰将会持续聚焦我国数字经济发展，力争成为数字经济领域专业权威的系列丛书，成为广大读者朋友了解数字经济发展的窗口，同时也为政府、企业的决策者们了解、制定数字经济时代的政策、发展战略提供有益的借鉴和参考。

我们要感谢河北省人民政府、经济日报社、河北省工信厅、河北省通信管理局、廊坊市人民政府、廊坊市商务局、廊坊市工信局、廊坊经济技术开发区、中国通信企业协会云数据专业委员会、润泽科技发展有限公司等单位对 2020 数字经济大会以及本书的大力支持和帮助。感谢出席 2020 数字经济大会的嘉宾和为本书贡献大量精彩内容的作者们。此外，我们还参考了数字经济方面的研究文献和资料，谨向学术界的各位同仁表达由衷的感谢。

对2020数字经济大会作出贡献的还有以下同志（按拼音排序）：蔡金明、蔡京京、曹红艳、陈星宇、崔国强、杜秀萍、高天、郭枞枞、郭文鹃、贾希、贾智捷、姜帆、李凤文、李惊雷、李树芳、刘溟、裴文、钱晓锟、秦博颖、秦海波、秦悦、邱小曼、寿双庆、孙博宇、孙文龙、檀平华、万莹、王超、王佳丽、王世华、王振国、王志、王子旭、魏海燕、项佳丽、肖霄、谢慧、闫伟奇、杨德山、杨跃新、于鹤章、原斌、张晶、张静、张盼盼、张鹏、张倩、张飒、张娴、赵海龙、郑宏、周雷、宗蕾。在此一并向他们表示感谢！